L'Enseignement Secondaire

et

la République

DU MÊME AUTEUR

Jean Macé et la fondation de la Ligue de l'Enseignement, Flammarion, édit. . . . . 3 fr. 50

Bibliothèque d'Instruction et d'Éducation du Citoyen

L'ENSEIGNEMENT SECONDAIRE
ET
LA RÉPUBLIQUE

PAR

A. DESSOYE

VICE-PRÉSIDENT DE LA LIGUE FRANÇAISE DE L'ENSEIGNEMENT

DEUXIÈME ÉDITION

PARIS

Librairie d'Éducation Nationale

ALCIDE PICARD ET KAAN, ÉDITEURS

11, RUE SOUFFLOT, 11

(Propriété réservée.)

INTRODUCTION

Sommaire. — La campagne de la Ligue de l'Enseignement. — Complément de la loi du 1er juillet 1901. — L'inspection de l'enseignement libre. — Ce que doit être cette inspection.

On réunit ici trois communications faites aux trois derniers congrès annuels de la Ligue française de l'Enseignement et qui étaient comme les exposés des motifs d'un vœu adopté, avec quelques différences de forme, successivement par les trois congrès et destiné à signaler au gouvernement, et surtout à l'opinion, le développement anormal de l'enseignement secondaire congréganiste.

Ce n'était pas là une question nouvelle. Tout le cours du dix-neuvième siècle, à partir de la Restauration, n'a été qu'une longue lutte entre les deux enseignements, celui que donnait l'Université au nom de l'Etat, plutôt libéral et laïque, et l'enseignement congréganiste. Sous la Restauration, le second s'insinue dans le premier, s'efforce de le

dominer, avec la pensée de le supprimer ensuite ;
pendant les dix-huit ans de la monarchie de juillet,
l'Université résiste énergiquement, et l'assaut livré
par l'Eglise est d'une violence singulière ; la loi
Falloux, en 1850, donne, dans toute la mesure
possible, satisfaction à l'Eglise ; dans celle-ci, l'Université
a, désormais, un rival émancipé de toutes
entraves et un surveillant officiel et soupçonneux ;
rapidement, les établissements laïques libres disparaissent,
les maisons ecclésiastiques progressent
d'autant. Ce double mouvement s'accentue au lendemain
de 1870, pendant les quatre ans de règne
de l'Assemblée nationale et jusqu'au définitif
triomphe du parti républicain, en 1877 et en 1879.
Alors surviennent les projets de loi Ferry : le premier
rend au Conseil supérieur de l'instruction
publique son caractère strictement universitaire,
par suite en exclut les représentants de l'Eglise, en
même temps que ceux des autres confessions religieuses,
de l'armée, de la magistrature ; le second,
qui restituait à l'Etat la collation des grades, contenait
le fameux article 7 : « Nul n'est admis à participer
à l'enseignement public ou libre, ni à diriger
un établissement de quelque ordre qu'il soit,
s'il appartient à une congrégation religieuse non
autorisée ». On sait comment l'article 7 fut rejeté
au Sénat. La dispersion des congrégations non
autorisées, la fermeture des maisons d'enseignement
tenues par leurs membres arrêtèrent pour
un temps la marche ascendante de l'enseignement
congréganiste ; il subit une sorte de refoulement.
Mais, quelques années plus tard, la division des

républicains, les querelles de partis, les crises parlementaires détournaient l'attention, et insensiblement cet enseignement se reconstitua plus fort et plus absorbant peut-être qu'il n'avait été avant l'exécution des décrets. Un jour, le ministre de la marine lui-même (1) retira ses enfants de l'Université et les confia à l'établissement que dirigeait, à Arcueil, le père Didon. Cela fit l'objet d'un incident à la tribune de la Chambre. Le président du conseil, M. Méline, répondit en invoquant le droit du père de famille. Le danger commença alors d'apparaître aux yeux de beaucoup, qui, depuis longtemps, ne le voyaient pas. L'enseignement de l'Etat abandonné par un ministre et cet abandon ainsi couvert par le président du conseil, quelle preuve plus frappante pouvait être donnée des progrès faits par l'adversaire de l'Etat laïque, de son esprit et de son enseignement? Les conditions dans lesquelles vivait le ministère, ayant contre lui une minorité composée exclusivement de républicains, mais appuyé sur une majorité qui comprenait toute la droite, c'est-à-dire faite d'une majorité de cléricaux et de monarchistes et d'une minorité de républicains, rendaient plus grave la situation. Aussi, dès la chute du ministère Méline, au lendemain des élections de 1898, la question des mesures à prendre pour défendre l'enseignement laïque s'imposa-t-elle avec une force nouvelle à l'esprit des républicains.

C'est alors qu'au dix-huitième congrès national

_____

(1) L'amiral Besnard.

de la Ligue de l'Enseignement, tenu à Rennes du 29 septembre au 2 octobre 1898, le vœu suivant fut adopté :

« Le congrès fait appel à l'activité de propagande des sociétés fédérées pour parer aux graves atteintes portées à l'union morale et sociale de la France par l'enseignement secondaire congréganiste et signale à l'attention du gouvernement le danger de recruter ses fonctionnaires parmi les jeunes gens qui ne sortent pas des établissements de l'Etat. »

Le vœu eut de suite dans la presse un grand retentissement. Le 15 avril suivant, à la Sorbonne, M. Aulard, l'éminent professeur d'histoire de la Révolution, inaugurait toute une campagne de conférences destinées à en développer les motifs et exposait « les causes historiques du péril signalé, les faits qui dénotaient l'aggravation récente du péril, sa nature et l'un des moyens pratiques de le conjurer ». Pendant un an et demi, sillonnant le territoire, les conférenciers de la Ligue, au premier rang desquels il convient de citer M. Léon Robelin, secrétaire général de la Ligue, dont l'activité fut infatigable en même temps que s'affirmait chaque jour davantage son talent de conférencier, s'efforcèrent de montrer toute l'étendue du danger et firent appel, pour le succès de leur propagande, au plus actif concours des républicains.

On verra plus loin comment l'initiative parlementaire et le gouvernement saisirent la Chambre de la question. Enfin, la loi sur les associations fut votée, dont l'article 14, réédition précisée de l'ancien article 7 de Jules Ferry, interdit toute participation à l'enseignement aux membres des congrégations non autorisées.

Un avenir prochain dira quels auront été les résultats de la loi, son efficacité. Mais dès aujourd'hui l'article 14 appelle un complément. Une loi organisant l'inspection de l'Etat sur les établissements d'enseignement secondaire libres est indispensable. L'inspection créée par l'article 21 de la loi de 1850 était presque illusoire ; d'inspection à proprement parler, il n'y en eut pas ; aujourd'hui, cet article a disparu ; une disposition de la loi du 30 octobre 1886 l'a abrogé, en même temps que les titres I et II de la loi de 1850, de sorte que c'est la liberté complète, absolue, sans aucune surveillance de l'Etat, pour l'enseignement libre.

Dès lors, plus encore qu'au lendemain des décrets, les congréganistes non autorisés pourraient avoir beau jeu pour tourner la loi. Aucune condition n'étant exigée individuellement des professeurs d'un établissement libre, le directeur seul étant tenu à la production d'un diplôme ou d'un certificat de stage, seul étant officiellement connu de l'autorité académique, à quelles difficultés ne se heurteraient pas les représentants de l'Etat pour savoir si tel congréganiste de la veille n'enseigne pas le lendemain, au mépris de la loi, après un léger changement d'étiquette, dans l'établissement où il enseignait précédemment et d'où il devrait être banni ? Si les articles de la loi de 1850 relatifs à l'inspection avaient donné à l'Etat des droits plus étendus, l'enseignement congréganiste n'eut pas pu se reconstituer quelques années après les décrets, et nous n'aurions pas eu, ces années dernières, à réclamer des mesures législatives nouvelles. Que cette leçon nous profite. Sans une inspection effective de l'enseignement libre, il est à craindre que, de même que l'ont été les décrets, l'article 14 de la loi du 1er juillet 1901 soit inefficace contre l'enseignement congréganiste, et, une fois de plus, dans quelques années, tout serait à recommencer.

Mais quelle doit être cette inspection ?

Elle ne saurait, bien entendu, ressembler en rien à celle qui s'exerce dans les établissements de l'État.

L'enseignement secondaire étant libre, chaque directeur d'établissement donne, avec les méthodes qui lui conviennent, l'instruction aux enfants confiés à ses soins. Si l'instruction est forte, tant mieux pour les élèves ; tant pis, si elle est faible. L'État n'intervient que pour assurer le respect des lois, des pouvoirs qui le représentent, de la morale, dont le patriotisme doit être considéré comme partie intégrante, de l'hygiène ; mais aussi il doit pouvoir tout examiner, tout observer. Il faut qu'au représentant de l'État les portes de l'établissement libre soient toujours ouvertes, qu'en vertu de sa propre autorité, l'inspecteur puisse, quand il lui plaît, sans prévenir personne, assister aux cours, interroger les élèves, examiner leurs cahiers d'étude ou de travail ; de la classe, il doit pouvoir les suivre, les surprendre dans les salles d'étude, dans les cours de récréation, sans que rien puisse restreindre son droit d'investigation. En un mot, l'inspecteur verra tout ce qui se passe dans la maison, entendra tout ce qui s'y dit.

Voilà pour l'enseignement proprement dit. Pour le personnel, l'État doit connaître non seulement le passé et les titres du directeur de l'établissement libre, il faut qu'il sache aussi très exactement quels sont les maîtres employés dans l'établissement, de quels titres ils sont pourvus, quelles fonctions ils ont remplies avant d'entrer dans cette maison, s'ils ont, par exemple, ou non, appartenu à une congrégation et laquelle, s'ils en sont encore membres, ou à quelle date et comment ils l'ont quittée. Et pourquoi, rappelant une exigence des lois de la monarchie de juillet et de la Restauration, ne leur demanderait-on pas, à l'appui de cette sorte de feuillet signalétique, la déclaration écrite qu'ils n'appartiennent à aucune congrégation non autorisée? Thiers soutenait, à la commission de 1849, le droit de l'État à exiger cette déclaration, et combien plus évident n'est pas ce droit aujourd'hui, au lendemain du vote d'une loi qui interdit précisément l'enseignement aux membres des congrégations non autorisées? Ce droit aurait une sanction : toute déclaration reconnue fausse exposerait son auteur, et parfois le directeur lui-même, à une pénalité.

On sait quelles transformations apparentes ont subies les établissements tenus par les congrégations non autorisées et qui n'ont pas voulu demander l'autorisation. Déjà, la plupart de ces établissements étaient présentés comme appartenant à des sociétés civiles composées en partie ou en totalité de laïques, non aux congréganistes qui y profes-

saient et en avaient la direction. Ostensiblement,
les jésuites sont partis ; mais leurs maisons sub-
sistent ; elles ont ouvert leurs portes pour la ren-
trée dernière, peut-être avec d'autres professeurs,
certainement avec des professeurs portant un autre
costume ; mais l'esprit de ces maisons n'a pas
changé, et attendez un an ou deux : si l'État n'est
pas armé contre leur retour, les mêmes professeurs réapparaîtront, portant peut-être la sou-
tane du prêtre de l'ordinaire au lieu de la robe du
moine, et dans cette lutte du moine rebelle contre
l'État laïque, quel sera le vaincu ?

Il faut dire ces choses et les redire sans nous
lasser. L'attention publique, dans notre pays,
passe trop facilement d'un objet à un autre ; au
lendemain d'un débat retentissant, on croit trop
vite en avoir fini avec un péril éloquemment dé-
noncé ; c'est le devoir de ceux qui ont à cœur la
prospérité de l'enseignement laïque, qui croient à
sa nécessité dans une démocratie laïque, de rappeler
à tous, législateurs, gouvernants et gouvernés,
que la tâche entreprise par le vote de l'article 14
de la loi du 1er juillet 1901 n'est pas terminée, et
qu'à moins de consentir à être dupe de ses pires
ennemis, le Parlement républicain doit donner à
l'État laïque les droits de surveillance sans lesquels
on aura en vain édicté un nouveau texte législatif :
l'État sera désarmé.

Une objection a été faite, que relate M. Ribot
dans son rapport : « Les visites des inspecteurs,
dit-il, sont une garantie dont l'enseignement libre
ne manquera pas de se prévaloir auprès des fa-

milles ». Pour la même raison, certains partisans déterminés de l'enseignement laïque hésitent à demander l'inspection. M. Ribot ajoute que « cette considération ne saurait empêcher l'État de remplir son devoir », dont Guizot disait déjà, en 1836, que « l'État ne saurait s'en départir sans altérer la moralité publique en abaissant sa propre dignité ». Mais il dépend de l'État que cette inspection ne puisse donner aux directeurs d'enseignement libre aucun prétexte à réclame abusive. Sans doute, si les inspecteurs de l'État laïque distribuent, dans ces maisons, selon qu'ils seront plus ou moins satisfaits, à des points de vue divers, de ce qu'ils auront vu et entendu, l'éloge ou le blâme, il faudra s'attendre à ce que toute parole élogieuse soit largement exploitée comme l'irrécusable témoignage de l'excellence de la maison, toute expression de blâme étant, au contraire, présentée comme le résultat d'une hostilité de parti pris. Mais, l'écueil connu, il est facile de l'éviter. Que doit se proposer l'État en faisant inspecter les établissements libres ? D'abord, savoir ce qui s'y passe ; il doit se renseigner, il n'est pas obligé de dire ce qu'il pense des renseignements recueillis ; il doit veiller ensuite à ce que certaines prescriptions d'ordre public ne soient pas enfreintes. Un homme est-il autorisé à réclamer l'estime, la confiance, la sympathie de ses concitoyens par cela seul qu'il n'a jamais été condamné ? Il lui faut d'autres titres que cette négative. Ainsi sera des établissements libres. La renommée des uns s'établira sur d'autres bases que l'absence de contraventions, et on en peut concevoir où l'enseignement serait d'une faiblesse insigne, sans que l'inspection y relève aucun manquement au respect dû à la Constitution, aux Pouvoirs publics, etc. Mais le mot inspection est peut-être impropre. En vertu des habitudes reçues, il éveille dans certains esprits l'idée d'examen suivi d'éloge ou de blâme et qui confère une sorte d'estampille. De cela, l'État doit se garder absolument. Ne disons pas inspection, si le mot peut être mal compris ; disons surveillance. Cette surveillance n'existe pas, il faut l'organiser.

Il le faut, parce que l'éducation des jeunes générations est chose trop grave pour que l'État se désintéresse de la façon dont la pratiquent ceux-là mêmes à qui a été accordé le droit de s'y livrer ; il le faut, afin qu'on puisse apprécier plus sûrement ce que, dans la lutte qui va se poursuivre, l'intérêt de l'esprit et de l'État laïques exige ; et cela est de toute nécessité enfin, parce qu'une nouvelle loi ayant été votée, il s'agit maintenant de faire respecter la loi (1).

(1) Ce qu'on vient de lire était écrit et envoyé à la composition, (novembre 1901), quand le Sénat a pris en considération, le 10 décembre, par 197 voix contre 57, une proposition de loi signée de M. Béraud et 91 de ses collègues, tendant à l'abrogation du titre III de la loi du 15 mars 1850. On lit dans l'exposé des motifs :

« Il semblait que le premier devoir des républicains devait être, une fois revenus au pouvoir, d'effacer jusqu'à la trace de cette loi (la loi de 1850) qui a été la plus grande victoire cléricale du dix-neuvième siècle.

« La loi du 1er juillet 1901 sur les associations nous a laissé espérer, un moment, que la démocratie républicaine allait enfin recevoir, à ce sujet, les satisfactions qu'elle attend.

« Son illusion a été de courte durée.

« Aujourd'hui le doute n'est plus permis. La loi est tournée.

« Les établissements congréganistes d'enseignement secondaire, que la loi voulait frapper, ouvrent leurs portes... »

La proposition est ainsi conçue :

« ARTICLE PREMIER. — Le chapitre premier du titre III de la loi sur l'enseignement du 15 mars 1850 est abrogé.

« ART. 2. — Aucun établissement d'enseignement secondaire privé ne pourra se fonder qu'en vertu d'une loi.

« ART. 3. — Un règlement d'administration publique déterminera les conditions d'âge, de capacité, de stage et autres que devra remplir le personnel enseignant, directeur, professeurs et surveillant, qui devront tous être Français.

« ART. 4. — Aucun élève d'aucun établissement privé ne pourra prendre des inscriptions dans une faculté de l'Etat en vue d'un diplôme requis pour l'exercice d'une profession, ni concourir pour les écoles du gouvernement, s'il n'a pas accompli les trois dernières années d'études dans un lycée ou collège de l'Etat. »

La demande de prise en considération avait été combattue par MM. de Lamarzelle, Wallon et Ponthier de Chamaillard. M. Leygues, ministre de l'instruction publique, appuya la demande, estimant qu'on ne pouvait se refuser à ouvrir le débat sur une question posée par le tiers des membres du Sénat et sur un sujet si grave et si digne de la sollicitude des pouvoirs publics. Tout en se déclarant opposé à la proposition, M. Milliard dit qu'il voterait, avec ses amis, la prise en considération, c'est-à-dire la mise à l'étude de la question. L'amiral de Cuverville protesta enfin contre la proposition.

Une commission de dix-huit membres a été chargée de l'examiner. Cette commission a adopté, le 21 décembre, par 12 voix, la résolution suivante présentée par M. Vallé.

« La commission, se réservant d'étudier ultérieurement l'organisation à donner à l'enseignement secondaire privé, décide, dès maintenant, qu'elle condamne absolument la loi Falloux et qu'elle ne se servira pas de cette loi comme base pour ses travaux. »

Ont voté pour MM. Vallé, Combes, Béraud, de Sal, Bonnefoy-Sibour, Knight, Pochon, Denoix, Vagnat, Savary, Léopold Thézard.

La minorité avait demandé l'audition préalable du ministre de l'instruction publique.

Deux mois après, le 14 février, la Chambre, à son tour, était saisie de la question de l'abrogation de la loi Falloux par M. Brisson, à l'issue d'un débat sur la réforme des méthodes et des programmes de l'enseignement secondaire. Après un discours de M. Brisson, des observations de M. Waldeck-Rousseau, qui se déclara d'accord avec la commission du Sénat sur le stage scolaire, l'égalité des titres universitaires des professeurs et l'inspection, mais se prononça contre le monopole universitaire et, dans ces conditions et ces réserves faites, ne s'opposa pas à l'adoption de la motion de M. Brisson, et un discours hostile de M. Aynard, la deuxième partie de la motion, ainsi conçue :

« La Chambre..... adhérant au principe de la proposition faite au Sénat et déjà favorablement accueillie par cette assemblée pour l'abrogation de la loi Falloux. »
fut adoptée par 266 voix contre 242.

Dans la première partie, la Chambre manifestait sa sympathie aux instituteurs et institutrices.

L'ensemble fut adopté ensuite par 282 voix contre 239.

I

SOMMAIRE. — Nécessité de sauvegarder l'union morale et sociale du pays. — L'esprit laïque d'après Guizot. — Appel à l'initiative privée. — Les deux enseignements. — Le droit de l'État et les fonctionnaires. — Le parti clérical et la liberté de l'enseignement. — « Nous voulons qu'elle règne... » — La loi Falloux, ses conséquences : deux monopoles. — Le danger (1).

Le XVIIIᵉ Congrès national de la Ligue de l'Enseignement, réuni l'an dernier à Rennes, a adopté à l'unanimité le vœu suivant :

« Le Congrès fait appel à l'activité de propagande des sociétés fédérées pour parer aux graves atteintes portées à l'union morale et sociale de la France par l'enseignement secondaire congréganiste, et signale à l'attention du gouvernement le danger de recruter ses fonctionnaires parmi les jeunes gens qui ne sortent pas des établissements de l'État. »

(1) Rapport présenté au congrès de Toulouse, le 2 novembre 1899.

Ce vœu, nous vous demandons de l'adopter à votre tour.

Les événements qui se sont déroulés en France, depuis un an, loin d'affaiblir les sentiments qui nous animaient au Congrès de Rennes, n'ont pu, au contraire, que nous fortifier dans la pensée qu'il y a urgence à déployer tout le zèle et toute l'activité possibles pour sauvegarder l'union morale et sociale de notre pays, gravement compromise, et qu'un double devoir s'impose ainsi au gouvernement de la République et à l'initiative de tous ceux d'entre les citoyens qui ont mis leur foi en l'avenir dans la force des institutions républicaines et le développement de l'esprit démocratique et laïque.

L'esprit laïque, M. Guizot, au cours d'une discussion sur la question même qui nous occupe, celle de l'enseignement secondaire, rappelait, en 1844, à la Chambre des pairs, toutes les conquêtes dont nous lui sommes redevables. Il disait :

« Nous sommes chargés, au nom de la société, au nom du pays, de défendre trois grands intérêts fondamentaux de notre temps :

« D'abord la liberté de la pensée et de la conscience, qui est la première de nos libertés, celle avec laquelle nous avons conquis toutes les autres. Il faut bien le dire, la liberté de la pensée et de la conscience, ce ne sont pas les influences religieuses qui l'ont conquise au profit du monde : ce sont des influences civiles, des idées civiles, des pouvoirs civils. C'est au nom de la société civile que la liberté de la pensée et de la conscience a été introduite dans le monde ; ce sont des idées laïques, des pouvoirs laïques qui ont fait par le monde cette grande conquête. Eux seuls peuvent la garder, comme eux seuls ont pu la conquérir.

« ... L'Etat est laïque et doit rester laïque pour le salut de toutes les libertés que nous avons conquises. L'indépendance et la souveraineté de l'Etat est le premier principe de notre droit public. C'est là le principe que nous sommes essentiellement chargés de défendre et de maintenir... la sécularisation générale des pouvoirs, le caractère laïque de l'Etat. »

Jules Ferry, lors de la discussion de la loi qui établit l'obligation et la laïcité de l'enseignement, citait, à la tribune de la Chambre des députés, ces paroles du ministre de la monarchie de juillet ; il les opposait à une déclaration célèbre de l'évêque de Malines, revendiquant pour l'Eglise le droit de maintenir sous sa « puissance » les écoles populaires, et il ajoutait :

« Ces conquêtes, qui ont été faites par des pouvoirs laïques et civils, les pouvoirs laïques et civils seuls peuvent les garder, et nous ne les donnerons jamais à garder aux pouvoirs ecclésiastiques. »

On ne peut mettre plus en relief la différence des deux conceptions de l'ordre social, leur antagonisme absolu, et ne vous semble-t-il pas que, depuis quelques années, nous assistons à un retour d'offensive du cléricalisme pour s'emparer précisément de cette garde de nos libertés que nous ne saurions, sans courir à une étrange duperie, sans un véritable abandon de nous-mêmes, lui confier ?

Vous connaissez les statistiques qui ont été publiées sur les populations respectives des lycées et collèges et des établissements congréganistes. Ce qu'il a perdu dans les masses, par le fait de la laïcité de l'enseignement primaire, le cléricalisme s'efforce de le rattraper du côté de la bourgeoisie, mettant à profit toutes les passions, même les plus mesquines, comme ce singulier snobisme qui porte une bourgeoisie, gonflée par une récente fortune et sortie d'hier seulement de la roture paternelle, à se croire promue en quelque sorte à des lettres de noblesse si, au lieu d'envoyer ses fils au collège ou au lycée, bons pour le commun, elle les confie aux soins des Pères dont Pascal, bon catholique, a dit tout le bien que vous savez.

C'est donc l'éternelle lutte qui recommence entre l'Eglise, le pouvoir ecclésiastique, entre le cléricalisme, dont la prétention à la prééminence sur la société laïque, en dépit de tous les ralliements, n'a pas été abandonnée un seul instant, et la société laïque, maîtresse d'elle-même et qui n'entend pas cesser de l'être.

Pouvions-nous rester spectateurs tranquilles de cette lutte, fermer les yeux à l'évidence et, sous le vain prétexte qu'à certaines gens le mot de cléricalisme paraît un peu vieux, banal, et qu'il est plus distingué de parler d'autre chose, ne pas réclamer et prendre notre place dans cette bataille pour l'idée et la société laïque ?

Et la Ligue de l'Enseignement étant, avant tout et essentiellement, une œuvre d'initiative, c'est à l'initiative des citoyens que nous nous adressons d'abord. Nous demandons à toutes nos sociétés, à tous les républicains qui les composent, de s'unir à nous pour reprendre, dans les conditions nouvelles que les circonstances ont faites, la propagande qui, sous la direction de Jean Macé et d'Emmanuel Vauchez, contribua, pour une si large part, à la proclamation légale de l'obligation, de la gratuité et de la laïcité de l'enseignement primaire, et dont l'objet, cette fois, pour toucher à l'enseignement secondaire, n'a pas une moindre importance pour les destinées de la République et de la démocratie. Puis, nous tournant vers le gouvernement, nous lui exprimons toutes nos inquiétudes à la vue de tant d'anciens élèves des congréganistes installés dans les fonctions publiques, pourvus d'une part de pouvoir, investis dans une plus ou moins large mesure d'une délégation de l'État, et exposés, tout au moins, à la tentation d'user de ce pouvoir, de cette délégation, de l'influence que leur donnent ces fonctions, dans un esprit à bon droit suspect d'hostilité à l'esprit même de l'État laïque, démocratique et républicain.

Dans une conférence faite à la Sorbonne et dont les enseignements ne sauraient être trop signalés à l'attention de tous, notre éminent collègue du conseil général de la Ligue, le savant professeur d'histoire de la Révolution à la faculté des lettres de l'Université de Paris, M. Aulard, a caractérisé les deux enseignements, le laïque et le congréganiste; il les a montrés tous deux dans leurs principes et dans leurs résultats. « Dans nos lycées, dit-il, on apprend à raisonner; chez les bons Pères, on apprend à obéir. Là on forme des citoyens; ici on forme des sujets. Là on perfectionne la faculté de raisonner; ici on l'atrophie, on *dévirilise*, si je puis dire, les jeunes esprits ». Et à l'appui de cette appréciation M. Aulard nous cite le cas de ce candidat congréganiste au baccalauréat qui, à cette question : « Y a-t-il dans la Révolution un bon et grand citoyen dont vous puissiez me parler ? » répond : « Oui, monsieur, il y a Marat ! » et sur une objection du professeur : « Ah ! monsieur, je ne croyais pas vous déplaire ! (1).

(1) Conférence faite à la Sorbonne, le 15 avril 1899, sur l'*Enseignement secondaire et la République*. Brochure de 36 p., au siège de la Ligue de l'Enseignement. M. Aulard ajoute : « Ces esprits qu'on a tâché de rendre inertes, on tâche aussi d'y insuffler la haine ou le mépris des lois laïques, de la Révolution française. L'histoire contemporaine, si propre à former des citoyens, quand elle est impartialement enseignée, on la dénature, dans les collèges congréganistes, de manière à inspirer l'aversion, non pas toujours du mot de République (puisqu'il s'agit de s'emparer de la République), mais de l'esprit républicain. Certes, la méthode n'est plus la même qu'au temps de la Restauration. Si le père Loriquet préside toujours à l'éducation d'une partie de la jeunesse bourgeoise, il ne lui enseigne plus (comme une légende l'en a accusé) que le marquis de Buonaparte fut le lieutenant-général de Louis XVIII. Il procède plus habilement, par omissions, par mutilations. Il retranche de l'histoire contemporaine ce qui lui déplaît, et il ne met en lumière que ce qui lui plaît. Ainsi, j'ai peut-être eu la main malheureuse, mais je n'ai pas encore rencontré un seul candidat congréganiste qui sût bien ce que c'est que la Déclaration des Droits ; pas un qui connût les grandes fondations de la Convention ; pas un qui fût en état d'exposer aucun des bienfaits de la Révolution française. Des batailles, des échafauds, des prêtres persécutés, des démagogues déchaînés, voilà ce qu'on leur montre, et on leur cache systématiquement les fureurs des Vendéens, celles des prêtres réfractaires, celles des royalistes de toutes couleurs. Une société gouvernée selon les principes de 89, une démocratie dirigée par les conseils de la raison et de l'histoire, voilà un état de choses qui n'a produit, selon ces pieux démagogues, qu'abomination et désolation.

« On m'assure qu'en province ils font pire. Déjà, quand je professais à Aix et à Poitiers, j'avais entrevu l'existence, dans ces maisons, d'un double enseignement historique, l'un intérieur, où la saine doctrine anti-laïque, anti-républicaine, était confiée au secret des âmes ; l'autre extérieur, où des concessions étaient faites aux mauvaises doctrines, aux doctrines républicaines, et qui devait inspirer les réponses du candidat au baccalauréat, et d'ailleurs c'est en province qu'on loua Marat pour me plaire. Il paraît qu'aujourd'hui ce dualisme étrange se révèle plus clairement, et qu'il arrive plus fréquemment que les candidats congréganistes, par étourderie ou par trouble, confondent les deux enseignements historiques, font à l'examinateur les réponses qu'ils ne devraient faire qu'à leur professeur, où mêlent ingénument les deux sortes de

Nous comprenons d'autre sorte la soumission et la fidélité que les fonctionnaires doivent à la République. Il ne nous suffit pas qu'on ait la haine dans le cœur et des paroles flatteuses sur les lèvres. A la République démocratique et laïque nous croyons fermement qu'il faut, si l'on veut qu'elle soit bien servie, des fonctionnaires nourris de l'esprit laïque, et c'est pourquoi nous demandons que quiconque aspire aux fonctions publiques ait fait ses études dans les établissements de l'Etat (1).

N'est-ce pas le droit de l'Etat de choisir ses fonctionnaires, de leur imposer telles conditions qu'il

réponses, celles selon la bonne doctrine et celles selon la mauvaise. Est-ce à dire que le républicanisme militant des professeurs de faculté exige des candidats une sorte d'orthodoxie historique et politique ? C'est tout le contraire. Il n'y a pas d'exemple d'une mauvaise note donnée au baccalauréat, en histoire contemporaine, à une réponse contraire au sentiment politique du professeur, qui se garde bien de faire expier à un enfant les fautes et les erreurs de ses maîtres. Pourquoi donc les jésuites dressent-ils les enfants à ces inutiles hypocrisies ? Uniquement pour les habituer à obéir, à plier et à plaire : c'est là, je le répète, le but de leur pédagogie.

« Voilà ce que j'ai vu par le baccalauréat. »

(1) Quelques jours après le congrès de Toulouse, le 15 novembre 1899, M. Leygues, ministre de l'instruction publique, présidant à Paris le banquet annuel de l'Association générale des membres de la Presse de l'Enseignement, disait : « La Ligue de l'Enseignement a montré à Toulouse qu'elle savait préciser son but et sa ligne de conduite et qu'elle savait par quels moyens elle voulait réaliser ses projets. Elle a fait porter son effort sur un petit nombre d'idées claires ; elle m'a transmis ses vœux et je les ai si bien compris que je les ai réalisés par un projet de loi qui a été déposé hier sur le bureau de la Chambre.

« En émettant ses vœux, la Ligue allait au-devant de ma propre pensée et des désirs du gouvernement. Elle disait : il faut que le gouvernement demande à ceux qui veulent le servir et qui viennent lui offrir le concours de leur activité et de leur intelligence, des garanties de loyalisme et de fidélité. C'est la chose la plus simple du monde. En effet, on ne taxera jamais un gouvernement de sectarisme et d'intolérance, lorsqu'il dira aux Français : toutes les carrières vous sont ouvertes ; mais l'Etat a le droit de vous demander quelques garanties lorsque vous vous présentez à lui. C'est tout ce que nous voulons faire ; rien de plus, rien de moins. »

juge nécessaires à la bonne marche de ses services, d'exiger d'eux telles ou telles garanties? La déclaration des droits de l'homme proclame l'admissibilité de tous les citoyens aux emplois. Quand la Constituante a promulgué ce principe de notre droit public, elle entendait abolir toutes les distinctions de race, de religion, de naissance qui, sous l'ancien régime, excluaient des catégories entières de citoyens des fonctions publiques, leur opposant des barrières infranchissables. Rien de semblable avec l'obligation pour tout aspirant à un emploi ou à une fonction de l'Etat d'avoir fait ses études dans un établissement universitaire. Les lycées et collèges sont également ouverts à tous les enfants de France, quelles que soient les opinions politiques et religieuses et la condition sociale des parents. Vous désirez que votre fils soit, ou puisse être, un jour fonctionnaire : confiez-le à l'Université, qui lui donnera cette éducation laïque et nationale, en harmonie avec notre temps, et sans laquelle l'aspirant aux fonctions publiques ne saurait offrir à l'Etat, qui doit le payer, la première des garanties. Que si, au contraire, votre attachement aux principes d'un autre âge, à des idées, à des sentiments qui sont en contradiction absolue avec le principe de la société laïque, de sa souveraineté, si votre hostilité à tout ce qui constitue l'esprit moderne et la démocratie sont telles que vous ne puissiez vous résoudre à remettre le soin d'instruire votre enfant à ceux-là mêmes qui en ont reçu la charge de la nation et, pleins de foi en la puissance de la raison cultivée, se donnent pour but le développement de toutes les facultés de l'individu, alors confiez-le à qui bon vous semblera ; votre fils sera agriculteur, industriel, commerçant, artiste, littérateur ; il déploiera son activité dans toutes les directions laissées à sa libre initiative, et peut-être contribuera-t-il, lui aussi, à la force et à la grandeur de la patrie. Mais il ne sera pas fonctionnaire. Il y aura un peu plus d'harmonie dans le corps administratif, les droits de l'Etat et la liberté de chacun seront sauvegardés.

Et qu'on ne dise pas qu'ainsi nous attentons à la liberté de l'enseignement. Cette liberté, on en parle beaucoup, et certes nous sommes trop foncièrement libéraux pour jamais vouloir enlever à ce pays une liberté qui lui a été une fois accordée. Nous croyons à la puissance féconde de la liberté. Mais la liberté de l'enseignement existe-t-elle véritablement pour tous, où la loi de 1850, dont les républicains n'ont jamais cessé de combattre et les dispositions et les résultats, n'a-t-elle donné cette liberté qu'à un parti, le parti clérical, à l'Eglise et à l'Eglise seule ? C'est ce qu'un bref historique de la question va nous permettre de vérifier.

Comment était constituée l'Université impériale de Napoléon Iᵉʳ, vous le savez : c'était le monopole de l'enseignement réservé à l'Université. Exception n'était même pas faite pour les petits séminaires, dont le nombre ne devait pas excéder un par diocèse (1), qui ne pouvaient recevoir que des élèves se destinant à l'état ecclésiastique et étaient obligés

____

(1) Le territoire actuel de la France comprenait alors 50 diocèses, pour 86 départements.

d'envoyer ces mêmes élèves suivre les cours des lycées. Louis XVIII émancipe de cette tutelle universitaire les petits séminaires, il introduit en foule les prêtres dans l'Université, mais il maintient le monopole et successivement en 1818 et 1820, renouvelant une prescription de l'Empire, il astreint les aspirants au baccalauréat à la production d'un certificat constatant qu'ils ont fait une année de rhétorique et une année de philosophie dans un collège royal ou communal, ou dans un établissement où cet enseignement est autorisé. L'Eglise, on peut le dire, avait la haute main sur l'Université. Cela ne lui suffit pas. Les petits séminaires reçoivent des élèves de toutes sortes, les jésuites reparaissent, et bientôt l'envahissement clérical est tel que le gouvernement de Charles X doit rendre les fameuses ordonnances de 1828 et fermer les collèges des jésuites. Désormais, nul ne pourra enseigner dans un établissement dépendant de l'Université ou dans un petit séminaire, s'il n'affirme, par écrit, qu'il n'appartient pas à une congrégation non autorisée.

Avec 1830, le libéralisme triomphe dans le gouvernement. L'Eglise alors fait une évolution comme celle à laquelle nous avons assisté récemment et assistons encore : ce qu'au nom du principe d'autorité, elle n'avait pu obtenir de la monarchie légitime, elle le réclame de la monarchie nouvelle au nom de la liberté. M. Guizot, qui, déjà par la loi de 1833, lui a mis un pied dans l'école, en inscrivant au premier rang des matières de l'enseignement l'instruction religieuse, en donnant place au curé dans les comités de surveillance de commune et d'arrondissement et en admettant la concurrence des écoles libres, c'est-à-dire congréganistes (1), est prêt, en 1836, à faire les même concessions dans l'ordre de l'enseignement secondaire (2). Mais l'ambition du

(1) « Ce précédent ne pouvait manquer d'être invoqué par un homme comme Montalembert, qui croyait n'avoir rien obtenu tant qu'il restait quelque chose à gagner. Le chef des néo-catholiques estimait d'ailleurs, avec tous ses amis, que l'avantage de pouvoir participer à l'enseignement primaire, bien que fort appréciable, n'était en somme que peu de chose sous un régime où la foule n'exerçait pas de droits politiques et où les riches étaient seuls électeurs. Sous la monarchie de juillet, ce n'étaient pas les prolétaires, c'étaient les bourgeois, les électeurs, qu'il fallait tenir pour avoir l'Etat dans sa main. Or, les bourgeois étaient élevés dans les collèges. Il fallait donc, à tout prix, que les prêtres devinssent leurs maitres, et la question de l'enseignement secondaire avait aux yeux du clergé une bien autre importance que celle de l'enseignement primaire ». Debidour, *Histoire des rapports de l'Eglise et de l'Etat en France, de 1789 à 1870*, p. 435. Excellents chapitres dans ce livre sur les luttes de l'Eglise et de l'Etat sous la monarchie de juillet et sur la loi Falloux.

(2) Quatre projets de loi furent présentés par Guizot ou sous son inspiration, de 1836 à 1847. Tous faisaient à l'Eglise, qui ne les trouva pas suffisantes, de notables concessions et échouèrent devant l'impossibilité de concilier les prétentions de l'Eglise et les droits de l'Etat maintenus par le parti libéral.

Le premier, déposé en 1836 par Guizot, alors ministre de l'instruction publique, autorisait l'ouverture d'établissements libres d'enseignement secondaire sous certaines conditions de grades et de moralité, mais sans distinction de personnes et sans exiger ni engagement ni déclaration. Deux amendements introduits par la Chambre des députés exigèrent le serment politique et la déclaration écrite de n'appartenir à aucune congrégation non autorisée. Le gouvernement laissa tomber le projet.

Le second, présenté par Villemain en 1841, fut retiré par le gouvernement, sans avoir été discuté, devant les protestations des évêques, qui trouvaient insuffisantes les concessions faites à l'Eglise et repoussaient la surveillance et la juridiction de l'Etat sur l'enseignement libre.

Un troisième projet, déposé par Villemain en 1844 à la Chambre des pairs, n'exigeait, pour l'ouverture d'une institution ou d'une pension, que le diplôme de bachelier, un certificat de moralité et un brevet de capacité et accordait le plein exercice, c'est-à-dire la dispense de conduire leurs élèves aux cours des collèges royaux et l'autorisation de les présenter directement au baccalauréat, aux établissements dont les professeurs auraient les mêmes grades que ceux des collèges. Amendé dans un sens encore plus favorable à l'Eglise par la Chambre des pairs, il fut l'objet, à la Chambre des députés, du célèbre rapport de Thiers, qui, en plus des conditions

parti prêtre grandit, avec ses exigences, à mesure qu'il se croit près de toucher au but, et bientôt ce n'est plus seulement le droit à la concurrence auquel il prétend, mais à la ruine de l'Université et à la main mise complète, absolue, du clergé sur l'enseignement.

« Les catholiques, disait en décembre 1843, le plus célèbre polémiste du parti, Louis Veuillot, dans une lettre adressée à M. Villemain, alors ministre de l'instruction publique, continueront d'admettre à l'égalité civile les autres religions, mais en les regardant toujours de l'œil dont ils regardent toute erreur, mais en les jugeant toujours du haut de la vérité de leur Seigneur Jésus-Christ ; ils continueront enfin de professer qu'eux et leurs enfants, et les enfants de leurs enfants, jusqu'à la fin des siècles, doivent vivre et mourir dans le sein de cette Eglise véritable et divine, la très sainte Eglise catholique,

de grades, de moralité, de capacité, exigea la déclaration de n'appartenir à aucune congrégation non autorisée et maintint la juridiction des conseils de l'Université à laquelle la Chambre des pairs avait substitué celle des tribunaux. Le gouvernement alors se refusa à la mise à l'ordre du jour et annonça l'élaboration d'un nouveau projet (février 1846).

Ce quatrième projet, préparé par Salvandy, fut déposé le 12 avril 1847. Tentative nouvelle de transaction entre les prétentions de l'Eglise et les droits de l'Etat, il ne réussit qu'à soulever une nouvelle explosion de colère du parti prêtre et se heurta, à la Chambre des députés, à l'esprit qui avait inspiré le rapport de Thiers et qui dicta un autre rapport dans le même sens. Le projet n'avait pas encore été discuté quand la révolution de février renversa la monarchie.

Ainsi, quatre fois en onze ans, le gouvernement essaya de donner satisfaction à l'Eglise, et quatre fois il échoua, parce que d'une part, si conciliant qu'il voulût se montrer, il ne pouvait abandonner complètement les droits de l'Etat et que constamment la Chambre des députés se refusa à le suivre sur le terrain des concessions où il s'engageait, et que d'autre part, à moins d'une complète abdication des droits de l'Etat, il ne put jamais rien offrir à l'Eglise qui répondit à ses prétentions.

apostolique, romaine, hors de laquelle il n'y a point de salut ni pour l'homme ni pour la société ; et par conséquent ils continueront de vouloir invinciblement pour elle, non pas seulement la vie, mais la royale condition de la vie : la liberté, c'est-à-dire l'honneur et la *primauté*, car, étant *libre*, elle est *reine*, et vous le savez bien.

« Nous voulons qu'elle *règne*... (1) »

De l'archevêque de Paris au dernier des abbés polémistes, tous tiennent le même langage ; tous revendiquent pour le prêtre, comme une prérogative de son sacerdoce, le droit absolu et exclusif d'enseigner. Les plus modérés concèdent seulement à l'Etat un vague droit de surveillance. Et la lutte devient plus vive, plus ardente qu'elle n'a jamais été. Comment la bourgeoisie qui gouverne pourrait-elle rien accorder à de pareils adversaires ? Mais voici 1848 ; soudain la même bourgeoisie, voltairienne la veille, prend peur, et quand les élections de 1849 ont envoyé à la Législative une majorité réactionnaire et monarchiste, l'Église sent le moment venu et saisit l'occasion. M. de Falloux, ministre de Louis-Napoléon, prépare la loi qui porte son nom (2). A

(1) *Liberté d'enseignement, lettre à M. Villemain, ministre de l'instruction publique*, 1 broch., 1843.

(2) Voir H. de Lacombe, *les Débats de la commission de 1849*, Paris, Téqui, édit. 1899.
La loi de 1833 avait déclaré la liberté de l'enseignement primaire, en soumettant les instituteurs publics ou privés aux mêmes conditions de brevet et à la même inspection. La loi du 15 mars 1850 confirma cette liberté, avec cette clause de faveur spéciale pour l'enseignement congréganiste que le brevet de capacité pouvait être suppléé par le titre de ministre d'un culte reconnu par l'Etat ou par un stage de trois ans dans une école publique ou libre, aucune condition n'étant d'ailleurs exigée pour ce stage. Dans les écoles de

quoi bon alors se gêner ? Le rapporteur de la loi, M. Beugnot, plaide l'inutilité du brevet de capacité pour les congréganistes; à qui cela peut inspirer des pensées mauvaises, comme celle de s'émanciper et d'embrasser la profession d'instituteurs laïques ; quant à ceux-ci, si, par suite des dispositions défavorables de la loi, leur nombre diminue, eh bien, les congréganistes sont là (1). A la tribune, M. Parisis,

filles, la lettre d'obédience admise par une ordonnance de 1836, et sans qu'elle constituât un titre donnant droit, pour la direction des écoles élémentaires, était assimilée au brevet de capacité pour les institutrices appartenant à des congrégations enseignantes et reconnues par l'Etat. De plus, le curé avait un droit personnel d'inspection dans l'école.

A la liberté de l'enseignement primaire, la loi de 1850 ajouta la liberté de l'enseignement secondaire, avec un régime analogue de faveur pour l'enseignement libre. Seul dans sa maison, le directeur d'un établissement libre était astreint à un stage préalable de cinq ans soit comme professeur, soit comme surveillant, dans un établissement public ou libre, et à la production d'un certificat de capacité délivré par une commission où le ministre du culte professé par le candidat était appelé avec voix délibérative. Quant à l'inspection des écoles libres, elle ne portait que sur la moralité, l'hygiène et la salubrité ; elle ne pouvait porter sur l'enseignement que pour vérifier s'il n'était pas contraire à la constitution et aux lois.

(1) « Le brevet de capacité, inutile pour constater l'aptitude des membres des congrégations religieuses, n'est pas à leur égard sans inconvénients. A la suite d'examens publics, et quand il sont munis d'un titre délivré par l'autorité civile, les religieux contractent des habitudes d'indépendance contraires à leurs vœux, et qui en ont conduit plusieurs à quitter leurs congrégations pour embrasser la profession d'instituteurs laïques. L'Etat ne doit pas relâcher les liens qui font la force de ces instituts, dont l'un, entre autres, existe en France depuis soixante-dix ans et rend à l'enseignement populaire des services sur lesquels il est superflu de s'étendre.

«/...Si la profession d'instituteur devait être dédaignée, il n'y aurait pas lieu de vous en alarmer; l'appel de la patrie serait entendu par les instituts religieux, dont l'unique mission est de former pour l'enfance des instituteurs qui rapportent sur elle leurs pensées, leurs affections, leur vie entière. Les vides faits dans le corps des instituteurs primaires, par le calcul de l'égoïsme, seraient comblés par le dévouement.

« ...L'erreur capitale de la loi de 1833 fut d'imposer à l'instituteur primaire un sort misérable, et en même temps d'exiger de lui les connaissances variées, brillantes, assurément très inutiles à la fonction qu'il doit remplir... On a fondé à grands frais, non pas, évêque de Langres, traite l'Université de foyer d'immoralité, d'athéisme, d'incrédulité, d'esprit anarchique et révolutionnaire, et regrette que le projet de loi ne l'ébranle pas davantage.

Car, et retenez-le bien, le parti clérical ne fut d'abord pas satisfait de la loi. Toute l'organisation universitaire était brisée, le monopole détruit, l'ingérence du clergé dans les conseils de l'instruction publique reconnue ; les congrégations obtenaient le droit d'enseigner avec d'amples privilèges, la surveillance de l'État était réduite à une surveillance d'ordre public, c'est-à-dire à rien, et à la veille de la discussion de la loi, en décembre 1849, M. Dupanloup, peut-être, en tous cas quelques-uns de ceux qui avaient pris part à l'élaboration du projet croyaient devoir faire imprimer et adresser à tous les évêques de France un mémoire explicatif où, énumérant les mo-

comme la raison l'indiquait, loin du tumulte des villes, mais dans les chefs-lieux de soixante-dix-huit départements, des écoles normales primaires. Des établissements de ce genre existent, dit-on, en Allemagne où ils ont réussi ; on en conclut qu'ils réussiraient en France. Le programme de l'enseignement primaire ayant amplifié, les études ont pris dans ces écoles des accroissements exagérés et sans but. Croirait-on qu'on y enseigne les logarithmes, l'algèbre, la trigonométrie, la cosmographie dans ses théories astronomiques, et qu'on y donne, non pas des notions élémentaires, mais des cours complets de géométrie, de physique, de chimie et de mécanique ?... Quant à l'instruction morale et religieuse et à la pédagogie, qui devraient être la base des études, leur enseignement y languit, moins par la faute des directeurs et des maîtres que par celle des élèves qui puisent dans leurs travaux scientifiques et littéraires un esprit bien différent de celui que nous souhaitons de voir répandre dans les campagnes. On ne se sent pas la force de blâmer les instituteurs et leurs écarts ; on réserve sa sévérité pour le législateur qui, cédant à un amour irréfléchi de l'innovation et à l'autorité d'exemples inapplicables à notre pays, n'a pas vu qu'en transformant les instituteurs primaires en des demi-savants, il en fait des hommes malheureux et mécontents. » Rapport de M. Beugnot.

tifs qu'avait le clergé de se tenir jusqu'à nouveau progrès pour satisfait, ils disaient :

« Non seulement la corporation et l'ancienne hiérarchie universitaire se dissolvent dans une profonde transformation ;

« Non seulement la centralisation gouvernementale et administrative est abolie par la création des conseils départementaux ;

« Non seulement c'est la société elle-même qui se substitue à l'Université, à l'État, pour le gouvernement et la surveillance de l'instruction publique ;

« Mais de plus :

« C'est le clergé de France tout entier, représenté dans le conseil supérieur par les trois évêques, élus de tous leurs collègues ;

« Représenté dans les conseils départementaux par les quatre-vingt-un évêques et par les quatre-vingt-six ecclésiastiques de leur choix ;

« Représenté dans toutes les paroisses par les quarante mille curés exerçant, sur l'instruction primaire, l'action la plus immédiate, la plus constante, la plus salutaire ;

« Aidé d'ailleurs de tous les ecclésiastiques et de tous les laïques fidèles, qui entreront dans l'ensei gnement libre autant qu'ils le voudront ;

« Aidé aussi de toutes les congrégations religieuses reconnues et non reconnues par l'État, et qui entreront également, autant qu'il conviendra à leur zèle, dans l'enseignement primaire et secondaire ;

« C'est le clergé de France, avec toutes ses forces les plus élevées, les plus libres, les plus puissantes, qui est invité par l'État lui-même, par les grands pouvoirs de la nation, à venir au secours de la société menacée, en demeurant d'ailleurs dans la plénitude de ses droits (1). »

(1) *Mémoire sur le projet de loi relatif à la liberté d'enseignement* (Ce mémoire, soumis à N. T. S. P. le Pape et à Nosseigneurs les Évêques, n'est en aucune manière destiné à la publicité.) In-8 de 64 p., imp. Adrien Le Clère et Cⁱᵉ, 1850. Reproduit dans le *Journal général de l'Instruction publique*, n° du 11 sept. 1880. Après avoir, dans une première partie, exposé, du point de vue clérical, la situation de l'enseignement en France, l'auteur du *Mémoire* commence ainsi la 2ᵉ partie :

« Pour porter remède à une si déplorable situation, les amis de l'Egalité ont toujours demandé trois choses principales :

« I. L'affranchissement des petits Séminaires ;

« II. La liberté de l'Enseignement privé, soit secondaire, soit primaire, qui seule peut contrebalancer la mauvaise influence de l'Enseignement public ;

« III. La réforme de l'Enseignement public lui-même autant que cette réforme est possible.

« Or, sur ces trois points fondamentaux, qui résument tout, le nouveau projet de loi opère douze réformes principales :

« 1° Les *ordonnances de 1828* sont abrogées (art. 85 du projet de loi amendé par la commission législative. — Rapport de M. Beugnot, p. 100-102) ;

« 2° Le *certificat d'études* n'est plus exigé (art. 69) ;

« 3° Les *petits séminaires* sont affranchis (art. 70) ;

« 4° Les *grades* obligatoires pour tous ceux qui veulent enseigner sont abandonnés (art. 66) ;

« 5° Les *congrégations religieuses* cessent d'être exclues du droit commun (art. 66, rapport p. 94, 95) ;

« 6° La liberté de l'*Enseignement charitable* est proclamée (rapport, p. 58) ;

« 7° L'*inamovibilité des maîtres d'école* est abolie (art. 29) ;

« 8° Les *écoles normales primaires* disparaissent (art. 33, 34) ;

« 9° Le *monopole de l'enseignement* est renversé (art. 69) ;

« 10° La *corporation*, la *hiérarchie universitaires* sont elles-mêmes profondément modifiées et transformées (titre 1ᵉʳ) ;

« 11° La *centralisation* gouvernementale et administrative de l'Université disparaît avec les comités cantonaux, avec les comités d'arrondissement, avec les conseils académiques actuels, avec le grand conseil de l'Université, avec la hiérarchie des inspecteurs. Toutes ces institutions dont on avait tant à se plaindre sont supprimées ou complètement changées (art. 7, 9, 10) ;

« 12° Enfin la société en péril et l'Etat menacé font appel à l'Eglise, et lui demandent son secours pour opérer, de concert avec elle, la réforme de l'instruction publique (art. 1, 10, 44). »

Et dans la conclusion, car il fallait défendre le projet de loi contre les intransigeants du parti que les résultats obtenus ne satisfaisaient pas encore et qui eussent voulu pour l'Eglise le monopole absolu de l'enseignement :

« Sans doute, on pouvait désirer que l'instruction publique fût

3

Nous avons mis trente ans à reconstituer sur des bases nouvelles l'œuvre d'enseignement primaire de la nation brisée par cette loi néfaste ; en ce qui concerne l'école primaire, la loi de 1850 n'est plus guère aujourd'hui qu'un souvenir ; mais la partie qui touche à l'enseignement secondaire subsiste encore, et chaque jour nous pouvons en voir les résultats.

Vous connaissez l'histoire de l'article 7, vous savez comment Jules Ferry voulut, après avoir réorganisé l'enseignement primaire, réglementer l'enseignement secondaire libre, et le résultat négatif de sa tentative. Souhaitons que les propositions de loi soumises en ce moment au Parlement, et qui tendent au même but, aient un meilleur sort. L'œuvre même de défense républicaine, à laquelle doivent se consacrer, sans distinction de nuances, tous les républicains, légitimerait à elle seule notre vœu.

Et maintenant, après avoir considéré tout le profit tiré par l'Église de la loi de 1850, c'est-à-dire de ce qu'on appelle la liberté de l'enseignement, voulez-vous vous demander quelle est la situation de l'enseignement laïque libre ? Mais où est-il, cet enseignement ?

En fait, le régime de la liberté de l'enseignement a abouti à la constitution de deux enseignements

entièrement et exclusivement confiée à l'Eglise ; que, du moins, dans le conseil supérieur, il y eût douze ou quinze évêques au lieu de trois ; que, dans les conseils départementaux, on ne comptât que des prêtres, des religieux ou des catholiques fidèles ; qu'en l'absence absolue de tout grade, de tout brevet, de tout diplôme, un stage de quelques semaines répondît aux conditions qu'exige la constitution pour la capacité et la moralité. Tout cela eut été *peut-être* parfait, — si cela eut été possible ! »

Voir dans le n° du 20 nov. 1880 du même journal un article de *l'Ami de la religion* du 13 nov. 1849 sur le même sujet.

rivaux : l'enseignement donné par l'État et celui de l'Église. A l'enseignement laïque libre, l'existence est impossible. Il a bien, en théorie, le droit d'exister, mais les conditions mêmes de la vie font défaut. C'est sur quoi avaient compté les auteurs de la loi de 1850. Qu'est-ce, dès lors, qu'une liberté dont l'usage n'est possible qu'à quelques-uns ? En somme la loi de 1850 a créé deux monopoles, celui de l'État et celui de l'Église, avec cette différence que le second a sa pleine indépendance. A cet égard, les dépositions des directeurs d'établissements congréganistes qui ont comparu devant la commission d'enquête de la Chambre sont des plus instructives.

Se réclamer constamment de la liberté, repousser toutes les charges que son exercice comporte, telle est la tactique cléricale en matière d'enseignement, Michelet a montré, dans un de ses livres, toute l'habileté qui, dès le dix-septième siècle, caractérisait en ce genre les jésuites, prêchant un libre arbitre théorique et se réservant de diriger cette liberté incommode, de la faire tourner en pratique au profit de l'autorité. « Avec le mot de libre arbitre, dit-il, ils escamotent Jésus, sauf à escamoter, avec le mot de Jésus, la liberté qu'ils mettaient en avant. »

C'est à Michelet encore que je demanderai le dernier mot :

« Qui devons-nous accuser dans la situation actuelle ? écrivait-il, en 1845, dans la préface de son livre sur *le Prêtre, la Femme et la Famille?*

« N'accusons pas les jésuites qui font leur métier de jésuites.

« Non, c'est plutôt nous que nous devons accuser.

« Si les morts reviennent en plein jour, si ces revenants gothiques hantent nos rues au grand soleil, c'est que les vivants ont laissé faiblir en eux l'esprit de vie. Déposés par l'histoire à côté des morts plus anciens, dûment inhumés et bénis selon les rites funéraires, comment reparaissent-ils ?... Leur vue seule est un grand signe, un grave avertissement.

« Cela a été permis, hommes du temps, pour vous rappeler à vous-mêmes, à ce que vous devez être. — Si l'avenir, qui est en vous, se révélait dans sa lumière, qui donc détournerait les yeux vers l'ombre et la nuit qui s'en va ?

« A vous de trouver l'avenir, à vous de le faire. »

Nous vous demandons de confirmer l'œuvre du congrès de Rennes, en adoptant à votre tour le vœu suivant :

« Le XIXe Congrès national de la Ligue française de l'Enseignement, réuni à Toulouse, affirmant à nouveau les sentiments qui ont été ceux du XVIIIe Congrès, à Rennes, fait appel à l'activité de propagande des sociétés fédérées pour parer aux graves atteintes portées à l'union morale et sociale de la France par l'enseignement secondaire congréganiste, et signale à l'attention du gouvernement le danger de recruter ses fonctionnaires parmi les jeunes gens qui ne sortent pas des établissements de l'État (1). »

(1) Ce vœu, adopté à l'unanimité dans la séance du 2 novembre, l'a été de nouveau dans la séance du 4, avec cette modification : « par l'enseignement congréganiste à tous ses degrés.

II

Le XIX° Congrès national de la Ligue française de l'Enseignement, réuni à Toulouse les 2, 3 et 4 novembre dernier, a adopté, à l'unanimité de ses membres, le vœu suivant, qu'avait déjà émis, également à l'unanimité, le Congrès de Rennes en 1898 :

« Le Congrès fait appel à l'activité de propagande des sociétés fédérées pour parer aux graves atteintes portées à l'union morale et sociale de la France par l'enseignement congréganiste à tous ses degrés, et

______

(1) Rapport présenté au congrès de Paris, le 9 juillet 1900.

signale à l'attention du gouvernement le danger de recruter ses fonctionnaires parmi les jeunes gens qui ne sortent pas des établissements de l'État. »

La seconde partie de ce vœu a reçu un commencement de satisfaction. Moins de quinze jours après le congrès, le 14 novembre, le gouvernement déposait sur le bureau de la Chambre un projet de loi tendant à exiger des aspirants aux fonctions publiques pour lesquelles sont requises les études secondaires ou supérieures et des aspirants aux grandes écoles du gouvernement, un stage de trois ans dans les lycées et collèges de l'Université (1).

(1) Voici le texte de ce projet de loi déposé le 14 novembre 1899 sur le bureau de la Chambre des députés :

« Messieurs,

« Il doit y avoir entre l'État et ses collaborateurs une communauté de sentiments et de vues sur les principes fondamentaux de la société et sur les institutions politiques qui règlent les rapports entre cette société et l'État.

« Le désaccord sur ce point serait de nature, à certaines heures, à mettre en péril la paix publique et à compromettre les intérêts supérieurs du pays.

« Le gouvernement a donc le devoir de demander un concours loyal et dévoué aux fonctionnaires et à tous ceux qui, à un degré quelconque, peuvent être les dépositaires de la puissance publique.

« Le gouvernement estime qu'il se procurera ces garanties en imposant un stage dans les lycées ou collèges de l'État aux aspirants aux fonctions publiques auxquelles conduisent les études secondaires et supérieures, ainsi qu'aux candidats aux examens et concours d'admission aux écoles du gouvernement établies pour le recrutement des services publics.

« Cette mesure ne porte atteinte à aucune de nos libertés. Elle ne rétablit ni le régime du certificat d'études, ni l'autorisation préalable. Les familles gardent la faculté de confier l'éducation de leurs enfants à des maîtres de leur choix. Elles sauront seulement que, pour les fonctions et emplois recrutés par l'État et rétribués par lui, les candidats devront fournir la référence de trois années passées dans un établissement universitaire.

« Le gouvernement est seul responsable de ses collaborateurs devant le pays. Nul saurait lui contester le droit d'exiger de ces collaborateurs les garanties qu'il croit indispensables pour la bonne administration des affaires publiques.

« Nous vous proposons d'admettre au stage scolaire les élèves des

Deux propositions de loi, inspirées des mêmes sentiments que notre vœu et le projet du gouvernement, avaient été précédemment soumises à la Chambre : l'une, par M. Rabier, ayant pour but le rétablissement du monopole universitaire, l'autre par M. Levraud et interdisant l'enseignement à tous les membres des congrégations religieuses.

Renvoyés à la commission de l'enseignement, ces deux propositions et le projet du gouvernement ont été l'objet de deux rapports défavorables de M. Aynard. Alors M. Rabier déposa, le 14 juin dernier, une nouvelle proposition tendant à interdire l'enseignement aux membres des congrégations non autorisées. Par 323 voix contre 133, l'urgence a été déclarée, et la proposition renvoyée à la commission des associations qui a décidé de l'incorporer dans le projet

établissements libres d'instruction secondaire dont le directeur ou le personnel appartiendront à des associations, si ces associations ont été constituées conformément aux lois qui régissent la matière. Par ces mots « conformément aux lois qui régissent la matière », nous entendons nous en référer à la loi du 15 mars 1850 et au projet de loi sur le contrat d'association déposé par le gouvernement.

PROJET DE LOI

« ARTICLE PREMIER. Un stage de trois ans dans les établissements publics d'instruction secondaire est exigé des aspirants aux fonctions publiques pour lesquelles sont requises les études secondaires ou supérieures, ainsi que des candidats aux examens ou concours d'admission aux écoles du gouvernement établies pour le recrutement des services publics. Les dernières années d'études entrent seules en ligne de compte pour le stage scolaire.

« ART. 2. L'attestation du stage doit accompagner toutes les demandes d'emplois ou d'inscriptions aux examens ou concours visés à l'article 1er. La forme de cette justification sera déterminée par un règlement d'administration publique.

« ART. 3. Si les directeurs des pensionnats libres qui voudront faire accomplir par leurs élèves le stage scolaire, ou les personnes qui sont employées dans ces pensionnats appartiennent à une association, ils devront justifier que cette association a été constituée conformément aux lois qui régissent la matière.

« ART. 4. La présente loi est applicable à partir de 1903. »

de loi sur les associations. C'est l'ancien article 7 proposé en 1879 par Jules Ferry, voté à la Chambre d'alors par 333 voix contre 164 et qui n'échoua au Sénat que faute de 19 suffrages.

La majorité à la Chambre d'aujourd'hui est ce qu'elle était à la Chambre de 1879 ; nous pouvons penser qu'il se trouve au Sénat plus de défenseurs résolus de l'esprit et de l'enseignement laïques qu'il n'y en avait alors. Quant au parti clérical, sa tactique n'a pas changé. Au lendemain de l'adoption de notre vœu à Rennes, la presse cléricale le dénonça comme une violation de la liberté ; elle recommença après le congrès de Toulouse ; M. Aynard ne tient pas au fond un autre langage lorsqu'il combat les propositions Rabier et Levraud et le projet de loi sur le stage scolaire, et dans les courtes observations qu'il a présentées sur la nouvelle proposition Rabier, il l'a qualifiée de « mesure de combat, qui n'est faite que pour jeter la division, le trouble et la guerre civile en France ». Or, relisez les débats de 1879 sur l'article 7. Jules Ferry et les républicains qui luttèrent à ses côtés n'eurent pas à répondre à d'autres arguments. C'est donc bien la même lutte qui se continue dans les mêmes conditions, entre l'État laïque et républicain, obligé de par son existence même à se défendre, à défendre son principe, et le cléricalisme, qui s'efforce, avec une persévérance inlassable, de prendre sur le terrain de l'éducation sa revanche des défaites passées, et, suivant le mot de Leibnitz : « Donnez-moi l'enseignement pendant un siècle, et je serai maître de l'État », espère bien redevenir un jour, en ce pays, le maître.

« Ce n'est pas la liberté qui se plaint, disait Cousin à Montalembert sous la monarchie de juillet, c'est l'esprit de domination qui murmure ». L'esprit de domination crie à la persécution ; ainsi a-t-il fait en tous les temps ; parce que quelques républicains, entraînés par les compromissions d'une politique qui est à l'envers de toute la doctrine républicaine, ou aveuglés par un libéralisme dont ils ne voient pas les dessous trompeurs, renouvellent au cléricalisme le concours que lui apporta, il y a vingt ans, Jules Simon, ce n'est pas une raison pour nous d'être dupes ou victimes volontaires à notre tour, et plus les événements de ces dernières années ont redonné d'audace au parti clérical, plus nous devons mettre d'énergie et de persévérance à le combattre.

Faut-il redire, encore une fois, que l'obligation imposée à tout aspirant fonctionnaire de faire ses trois dernières années d'études dans un établissement universitaire laissait, si elle eût été votée, subsister tout entière la liberté de l'enseignement et qu'elle n'aurait eu, au regard de la liberté des pères de famille, d'autre caractère que celui qui s'attache à telle ou telle condition mise par l'Etat à l'entrée dans tel ou tel ordre de fonctions ? Dans un discours, prononcé à Paris le 23 février dernier, M. d'Haussonville a pris plaisir à s'efforcer de démontrer que l'obligation du stage scolaire était contraire à la liberté, à l'égalité, à la fraternité. La conception est ingénieuse ; mais toute la thèse repose sur cette idée que l'Etat doit également ouvrir l'accès des fonctions publiques à tous ceux qui y aspirent, sans aucune distinction entre ceux qui lui prêteront un concours dévoué et ceux qui s'embusqueront dans ces fonctions comme dans un poste excellent pour le mieux combattre; et n'est-ce pas le droit de l'Etat d'exiger de ceux qui aspirent à le servir des garanties? Ces garanties, l'enseignement congréganiste est-il de nature à les donner?

Il y aurait quelque naïveté à le prétendre. Le président de la commission parlementaire de l'enseignement, M. Ribot, dans son introduction au rapport général, ne peut se défendre de signaler le mal. « Quoiqu'elle affecte, dit-il, de considérer la loi de 1850 comme une sorte d'édit de Nantes, l'Eglise n'a pas désarmé. Son action a été moins directe, moins ouvertement agressive qu'au temps où elle subissait le monopole; au fond, elle n'a guère été moins hostile aux idées que représente l'Université. Il semble même que les jeunes générations qui sortent des lycées et des écoles libres aient moins de points de contact, affectent de s'ignorer plus qu'autrefois, de constituer, au sein de la nation, deux sociétés différentes. » C'est ce que prévoyait Edgar Quinet dès 1843 et ce qu'annonçait éloquemment Cousin, lorsqu'en 1844 il s'écriait à la Chambre des pairs : « Ce corps qui demande l'enseignement public au nom du droit divin est incapable de l'exercer lui-même et il est condamné, le sachant, à s'appuyer sur un autre corps mystérieux qui enseignera dans l'ombre... De là, à la longue, non plus comme aujourd'hui des éducations diverses et mélangées, entre lesquelles l'esprit du pays et du siècle finit aisément par établir un niveau commun, mais deux éducations essentiellement contraires, l'une cléricale et au fond jésuitique, l'autre laïque et séculière... De là deux générations séparées l'une de l'autre dès l'enfance, imprégnées de bonne heure de principes opposés, et un jour peut-être ennemies. Tout est possible en ce pays, ajoutait-il, prenez-y garde. Nos pères ont vu des guerres civiles politiques ; qui sait si l'avenir, préparé par une législation téméraire, ne réserverait pas à nos enfants des guerres civiles de religion (1) ? »

Laissons aller les choses du train dont elles vont

(1) « Vivre, enfant, avec des enfants de religions différentes, dit M. Lavisse, et s'habituer ainsi à l'estime et au respect des croyances diverses, cela est de l'éducation et de très bonne éducation préparatoire à la vie de notre temps et de notre pays. Vivre avec des hommes qui font leur devoir par conscience professionnelle, qui gagnent par le travail leur vie et celle de leurs familles, et s'avancent par leur mérite dans la carrière, c'est encore se préparer à la vie en recevant une leçon de morale en action ». — *A propos de nos écoles*, p. 59-60.

Et encore : « Il est certain qu'il y a des vertus de collège : la franchise des relations de camaraderie, le sentiment de la justice, l'horreur de la délation et de l'hypocrisie, l'esprit démocratique dans ce qu'il a de noble et de sain. Ni les élèves ni les maîtres ne connaissent dans nos collèges les distinctions sociales ». *Id.*, p. 62-63.

A rapprocher de ces passages de Michelet :

« Une éducation de jésuite ne fait pas haïr le faux ». *Le Prêtre, la Femme et la Famille*, p. 26.

« L'éducation laïque qui n'affiche aucune prétention à l'excès de la pureté, et dont les élèves vivront un jour de la vie commune, a pourtant grand soin d'écarter des yeux du jeune homme les trop séduisantes images qui troublent les sens. L'éducation ecclésiastique, au contraire, qui prétend former des hommes au dessus de l'homme, des vierges, de purs esprits, des anges, fixe précisément l'attention de ses élèves sur des choses qui leur seront pour toujours interdites, et leur donne pour objets d'études des tentations terribles, à faire damner tous les saints ». *Id.*, p. 195-196.

Cousin disait encore : « Dès l'enfance, nous apprendrons à nous fuir les uns les autres, à nous renfermer comme dans des camps différents, des prêtres à notre tête ; merveilleux apprentissage de cette charité civile qu'on appelle le patriotisme ! Et ce pays qui, du moins, dans ses malheurs, avait conservé une ressource immense, la puissance de son unité, la perdra ; il descendra des hauteurs de la Révolution et de l'Empire pour revenir... à quoi, je vous prie ? Non pas à l'ancien régime, avec ses grandes institutions à jamais anéanties. A quoi donc ? A un je ne sais quoi, indéfinissable et sans nom, que le monde étonné n'oserait appeler la France ! »

depuis quelques années, et croyez-vous que nous serons bien loin de ces guerres civiles de religion prophétisées par Cousin il y a 56 ans ? Et pouvez-vous voir sans inquiétude les produits de cette éducation cléricale et au fond jésuitique, séparés dès l'enfance de l'autre partie de la jeunesse française, imprégnés de bonne heure de principes opposés à ceux qu'elle professe et à ceux de l'Etat laïque, démocratique et républicain, les pouvez-vous, sans une sorte d'anxiété, voir revêtus d'une portion de pouvoir par ce même Etat laïque, démocratique et républicain ? M. Ribot, qu'il faut encore citer, ne peut nier qu'en partie au moins les choses se passent ainsi, et arrivant à ses conclusions, il dit : « Que le gouvernement n'abandonne donc aucune de ses prérogatives légitimes ; qu'il veille à ce que les fonctionnaires ne se servent pas contre l'éducation donnée par l'Etat de l'autorité morale qu'ils tiennent de leurs fonctions. »

« Il doit y avoir, dit l'exposé des motifs du projet déposé par le gouvernement, entre l'Etat et ses collaborateurs une communauté de sentiments et de vues sur les principes fondamentaux de la Société et sur les institutions politiques qui règlent les rapports entre cette société et l'Etat ». M. Aynard s'est donné le facile plaisir d'écrire qu'il n'existe « ni dans le gouvernement lui-même, ni dans aucun pays, d'adhésion à un credo commun politique et social ». M. de Mun, dans une série de lettres à M. Waldeck - Rousseau réunies en volume sous ce titre mélodramatique : *la Loi des suspects*, épilogue à son tour sur cette communauté de vues et de sentiments. Et le rapporteur de la commission de l'enseignement et l'apôtre de la contre-Révolution se rencontrent, touchant accord, pour demander si cette communauté de vues doit exister entre les fonctionnaires et successivement tous les conseils des ministres qui se suivent et quelquefois ne se ressemblent pas. M. de Mun, virtuose plus habile, développe le thème plus longuement; mais qui ne comprend très bien qu'il ne s'agit pas de savoir quelle sera sur l'orientation particulière donnée à sa politique par chaque ministère l'opinion du fonctionnaire, mais bien si sur la laïcité de la société française et de l'Etat, sur les droits qui sont la conséquence de cette laïcité, au premier rang desquels est l'indépendance absolue, la souveraineté de cette société et de l'Etat, l'aspirant fonctionnaire est animé de sentiments, d'idées, de principes, qui feront de lui le serviteur fidèle de cette société, l'auxiliaire dévoué de l'Etat, et non un ennemi (1).

Or, c'est un ennemi et non un auxiliaire que façonne l'éducation congréganiste. Pour quel motif l'Eglise eut-elle réclamé le droit d'enseigner, avec cette âpreté et cette violence qui emplissent la moitié de l'histoire de la monarchie de juillet, si elle ne s'était proposé d'imprimer aux esprits une autre direction, de les marquer d'une autre empreinte que celles qu'ils rece-

(1) A l'appui de cette thèse ne pourrait-on dire que le mot « vertus », employé dans l'article 6 de la déclaration des droits de l'homme, ne comprend pas seulement les vertus morales de l'individu, mais aussi ses vertus civiques ? Dans la vertu à exiger d'un fonctionnaire rentre l'aptitude d'esprit et de cœur à bien remplir ses fonctions, et possède-t-il réellement cette aptitude celui qui a été élevé dans des principes hostiles à la République et à l'Etat démocratique et laïque et prétend néanmoins au droit d'être appelé à agir en leur nom et à les représenter ?

vaient de l'Université ? Pourquoi cet acharnement contre un grand corps qui avait élevé, instruit, non sans gloire, près d'un demi-siècle de générations ? C'est qu'il s'agissait de donner à la jeunesse française d'autres principes, de la façonner à un autre idéal. L'Université, fille de la Révolution, élevait la jeunesse dans des idées qui devaient lui permettre de développer les principes de la Révolution et de continuer de construire la société moderne d'après ces principes. L'Eglise, elle, estimait qu'au lieu de chercher un idéal dans l'avenir il fallait, au contraire, le prendre dans le passé, que toute société ne saurait être bien gouvernée que si son gouvernement s'inspirait des principes de l'Eglise : la Révolution et plus tard 1830 l'avaient exclue du gouvernement, elle entendait y rentrer, et pour cela réclamait la voie la plus sûre, celle de l'enseignement.

Elle réclama en vain pendant les dix-huit ans que dura la monarchie de juillet. L'affolement qui s'empara de la bourgeoisie au lendemain de 1848 la servit à point. On a publié récemment les débats de la commission qui fut chargée en 1849 de préparer la loi Falloux. Je vous recommande la lecture de ces débats de la commission de 1849. Là, mieux que partout ailleurs, vous verrez apparaître la pensée intime et véritable de ceux qui menaient cette campagne pour la liberté de l'enseignement. Etait-ce seulement le droit d'enseigner qu'ils réclamaient pour chacun d'eux, ou pour leur parti, pour l'Église, la prééminence dans l'enseignement, la main mise, directe ou indirecte, sur les œuvres d'enseignement ? Thiers et Cousin devaient lutter avec obstination,

non seulement pour maintenir à l'Etat le droit à une
inspection des établissement libres, qui fut trop souvent plus platonique que réelle, mais pour lui faire
reconnaître quelque aptitude à ouvrir des maisons
d'éducation et à y distribuer l'instruction avec profit.

Dans cette même commission, Thiers, qui se dé-
clarait prêt à donner au clergé la surveillance exclu-
sive de l'enseignement primaire, fut amené un jour,
disant ses hésitations au sujet de l'enseignement
secondaire, à faire la déclaration suivante, qui jeta
une vive alarme dans la majorité cléricale de la commission : « Lorsque vous nous dites : si on ne peut
aller faire instruire la jeunesse hors de France, pas
de liberté, j'avoue que je suis effrayé, parce que ça
été et ce sera toujours une grande douleur pour moi
de savoir, par exemple, qu'à Fribourg on peut enseigner à de jeunes Français la haine contre le gouvernement de leur pays. »

C'est parce que l'esprit qui dirige l'enseignement
des jésuites n'avait pas changé depuis les temps de
Fribourg que Jules Ferry, en 1879, proposa l'article
7 ; c'est parce que cet esprit est encore aujourd'hui
tel qu'il était alors que M. Rabier, fort de l'adhésion
d'un très grand nombre de ses collègues, invita, le
14 juin dernier, la Chambre à interdire l'enseignement à tous les membres des congrégations non autorisées ; pour la même raison, le gouvernement
apporta son appui moral à la proposition, et nous
devons ici rendre hommage à M. Rabier pour son
initiative et féliciter le gouvernement.

M. Ribot, qu'il faut encore citer, parce qu'en dépit
de l'allure souvent fuyante de sa pensée, la réalité

l'étreint cependant si fortement qu'il ne peut pas ne pas l'exprimer telle qu'elle se montre, écrit dans le chapitre de son rapport plus spécialement consacré au recrutement des lycées et à la liberté de l'enseignement : « Jamais la société française n'a été plus divisée, et ses divisions ont pris un caractère social et religieux plus encore que politique. Sous l'Empire, il y avait dans les lycées des enfants de tous les partis. On tend de plus en plus à se former en deux camps. Ce qui faisait autrefois une supériorité de l'éducation du lycée, cet esprit de large tolérance qui a toujours été l'honneur de l'Université est traité d'indifférence, parfois même d'irréligion d'État. Le terrain neutre où se rencontraient toutes les croyances, et où les enfants apprenaient dès leur plus jeune âge à s'estimer et à se supporter malgré la différence des origines et la divergence des opinions, se rétrécit peu à peu, au grand détriment du pays qui ne se reconnaît pas toujours dans les jeunes générations. L'Université s'inquiète avec raison de ne plus trouver dans les régions moyennes de la société le même appui qu'autrefois. Des fonctionnaires publics eux-mêmes, des officiers montrent une tendance à préférer à l'éducation de nos lycées celle des maisons ecclésiastiques. Le gouvernement impérial n'eut pas toléré que les hauts fonctionnaires donnassent avec éclat à leurs subordonnés l'exemple de leur dédain pour l'Université. On peut reprocher au gouvernement de la République d'avoir manqué de fermeté dans ses desseins et dans sa conduite.... Les mesures prises en 1880 contre les congrégations religieuses n'ont pas eu d'effet durable sur la distribution de la jeunesse entre les établissements de l'État et les maisons ecclésiastiques. Dans ces dernières années, le gouvernement républicain a paru marquer, sinon de l'indifférence, tout au moins le désir de ne pas se créer à lui-même des difficultés. Il n'a pas rempli tout son devoir ; car s'il est périlleux de procéder à coups de décrets, en ces matières où les influences morales sont plus puissantes que la loi elle-même, il n'est pas permis au gouvernement de se désintéresser. Il doit veiller tout au moins à ce que l'éducation donnée par l'État ne paraisse pas assurer aux futurs fonctionnaires ou aux futurs officiers moins d'avantages, au point de vue de leur carrière, que l'éducation donnée dans les établissements libres. Suivant le conseil de Richelieu dans son testament politique, il ne doit pas permettre que certaines congrégations s'emparent des avenues qui mènent aux fonctions publiques et aux grades les plus élevés de l'armée. »

On ne saurait mieux dire. M. Ribot ajoute : « C'est une affaire de gouvernement plutôt que de législation ». Il serait plus juste de dire : « C'est affaire tout à la fois de gouvernement et de législation ». Car si vous trouvez dangereux d'agir par décret et si vous refusez au gouvernement les mesures législatives, quelle force lui restera-t-il ? Et à supposer qu'un ministère fût fermement résolu, comme aujourd'hui, à exiger de ses fonctionnaires tout ce qu'ils lui doivent, qui nous répond que le ministère de demain aura la même continuité de vues, et dès lors M. Ribot ne pourrait-il pas, avec plus de raison encore qu'aujourd'hui, regretter le manque de fermeté du gouvernement dans ses desseins et sa conduite, avec cette circonstance en plus que M. Ribot devrait s'accuser lui-même d'être pour une part responsable de cette situation?

Le mal dont souffre l'administration française, et par suite le pays tout entier, n'est que trop réel. Il faut, pour y porter remède, toute la vigilance et toute la fermeté du gouvernement; il faut de plus, si l'on veut supprimer l'action des congrégations religieuses dans nos administrations et leur influence sur l'avancement dans les diverses carrières, soustraire à leur prise, dès le jeune âge, les futurs fonctionnaires. Et cela n'est possible que par une loi.

M. Ribot rappelle avec raison que les décrets de 1880 n'ont pas eu l'effet désirable qu'en attendait l'opinion. Le gouvernement, d'abord, eut le tort de ne pas tenir la main rigoureusement à leur exécution; puis il faut remarquer que si les décrets entraînaient la dispersion des congrégations non autorisées, ils n'empêchaient pas chacun des membres de ces congrégations d'enseigner isolément. C'est bien ce qu'avaient voulu Dupanloup et ses amis, quand, à la commission de 1849, ils avaient, à l'encontre de Thiers et de Cousin, mis tant d'énergie à demander que la loi fît le silence sur le cas des congrégations, chacun de leurs membres acquérant ainsi par prétérition un droit propre à donner l'enseignement. Quelques années après les décrets, le gouvernement était conduit à tolérer la co-existence de trois jésuites dans une même maison, sans qu'il y eût reconstitution de la communauté; comptez les jésuites qui rentrèrent au logis sous l'étiquette de prêtres libres, dépendant de l'ordinaire, et vous

vous expliquerez ainsi que vingt ans après la signature et l'exécution des décrets de 1880, il ne reste pour ainsi dire rien de cette partie de l'œuvre de Jules Ferry, et que, pour défendre la République et la liberté, tout soit à recommencer.

Oui, il faut le répéter sans nous lasser jamais, pour défendre la liberté, car si les mots sont inscrits dans la loi, en réalité la liberté de l'enseignement n'existe pas.

Il ne suffit pas, pour qu'elle existe, de décréter une liberté. Ce ne serait qu'une amère ironie, si les conditions même de la vie sociale ne permettent pas à chaque citoyen la jouissance de cette liberté. C'est le cas pour l'enseignement. Consultez toutes les statistiques qui ont été faites sur l'enseignement ecclésiastique et l'enseignement laïque libre dans l'ordre secondaire : c'est une décadence progressive de ce dernier. Il comptait 657 établissements et 43,009 élèves en 1865 ; onze ans après, en 1876, il ne comprend plus que 494 établissements et 31,249 élèves, puis c'est 323 établissements et 22,600 élèves en 1884, 232 établissements et 14,028 élèves en 1893. En 1898, il n'y a plus que 202 établissements et 9,725 élèves. Pendant ce temps, les établissements congréganistes voient leur population scolaire s'élever de 35,000 élèves en 1865 à 67,643 en 1898, sans compter les petits séminaires. En 35 ans, l'enseignement secondaire laïque libre perd les deux tiers de ses établissements et les trois quarts de sa population ; dans l'enseignement congréganiste, au contraire, le nombre des établissements s'accroît d'un tiers, le nombre des élèves a doublé. Que les choses aillent de la sorte quelques années encore, et dites ce qu'il restera de l'enseignement laïque libre. Il y aura deux monopoles, celui de l'Eglise et celui de l'Etat, qui se feront concurrence. Où sera la liberté de l'enseignement (1)?

On pourrait le demander à M. Aynard qui, dans le premier de ses rapports à la Chambre, rappelait cette parole de Paul Bert, prononcée à la tribune de la Chambre le 21 juin 1879 : « La liberté d'en-

(1) Au cours des débats qui se produisirent à la commission de 1849, M. Dupanloup avait prévu ce résultat. Répondant à M. Thiers qui avait défendu le droit de l'État à ouvrir des établissements d'instruction, M. Dupanloup disait : « J'admets pour l'Etat le droit d'entretenir de grands établissements officiels... J'admets même encore que l'Etat puisse, par des privilèges et des dotations, créer et soutenir ces établissements officiels, bien que ce soit là une question fort grave que de placer ainsi ces établissements dans une position supérieure au droit commun. Qu'on me permette cependant, et en toute franchise, une observation très grave et que je recommande à l'attention des hommes politiques. Sans aucun doute, et quelles que soient les dispositions de la loi à faire, l'Eglise ne faillira point à sa mission, pourvu qu'on lui laisse la libre concurrence ; elle est assez forte pour maintenir ses établissements contre les établissements privilégiés de l'Etat ; mais ces privilèges, concédés aux établissements officiels, n'auront-ils pas pour effet d'anéantir les forces des individus isolés ? Quel est en effet, à part quelques exceptions fort rares, l'individu qui pourra élever un établissement de plein exercice susceptible de lutter avec les établissements officiels, quand il faudra, pour soutenir la concurrence, dépenser une première mise de fonds de trois cent mille francs pour payer trente maîtres gradués, payer trente domestiques et avoir au moins trois cents élèves ? » Le cas est devenu en effet, de plus en plus rare ; mais supposez que l'Etat ait renoncé, comme l'eût souhaité M. Dupanloup, à créer, entretenir aucune école, aucun établissement d'instruction, la lutte se serait établie entre l'Eglise et l'initiative privée, et quel eut été le résultat ? On peut affirmer que dans cette lutte, l'initiative privée eut été vaincue, et bientôt l'Eglise eut joui d'un monopole de fait. Les vœux du parti clérical eussent été comblés. — M. Thiers ne se méprit pas sur les doctrines qui se dissimulaient sous « l'urbanité des formes » du langage de M. Dupanloup, « théories qui peuvent être les théories absolues de l'Eglise, mais que Bossuet lui-même n'eut pas osé exposer dans leur crudité... doctrines de guerre... Vous accordez, dit-il, comme une grande grâce, que l'Etat peut avoir des établissements officiels pour l'instruction ; mais il n'a pas besoin, je pense, que vous lui accordiez comme une grâce ce qui est son droit. »

seignement, c'est la mise en jeu d'une liberté personnelle ». Bientôt il ne se trouvera plus un citoyen pour tenter l'usage de cette liberté personnelle. Il y risquerait trop sûrement un échec lamentable et la ruine.

Quelle est donc la situation? Vivons-nous sous le régime de cette liberté de l'enseignement, si chère à M. Aynard, ou, devant l'enseignement laïque libre agonisant, n'assistons-nous pas à une lutte entre ces deux puissances, l'Eglise et l'Etat, qui se partagent encore à peu près par moitié la jeunesse française, en attendant le jour où l'Église espère bien, à brève échéance, prendre de l'avance sur son rival et conquérir enfin un monopole de fait, dont elle dira toujours, d'ailleurs, que c'est l'exercice pur et simple de la liberté? Et alors, la question se posant ainsi entre l'Eglise et l'Etat, un droit de défense ne naît-il pas à l'instant pour l'Etat, le droit de résister à des empiètements qui sont un danger pour son existence même, et auxquels il ne saurait demeurer indifférent sans laisser le trouble le plus profond envahir peu à peu la société française et l'exposer aux pires convulsions et à toutes les catastrophes? Et n'est-ce pas, non seulement le droit, mais le devoir de l'Etat républicain, démocratique et laïque, de prendre, dès à présent, les mesures nécessaires à sa sûreté?

Vous penserez certainement avec nous que l'Etat usera du minimum de son droit s'il se borne à interdire l'enseignement aux membres des congrégations non autorisées. Reconnaître tous les droits du citoyen français à ceux-là même qui refusent et ont constamment refusé de reconnaître l'empire de la loi française, ce serait une duperie, et ce que n'a pas consenti la monarchie de Charles X, vous vous expliqueriez difficilement que le consentît plus long-temps, même tacitement, la République.

Nous voulons espérer que la lutte engagée sur cette question de l'enseignement ne prendra pas une telle forme et un tel caractère que les solutions modérées auxquelles nous avons jusqu'à présent donné la préférence échappent à nos vœux et que, pour maintenir dans notre société laïque à l'enseignement laïque la suprématie incontestée sans laquelle il n'y aurait plus de sécurité pour la démocratie républicaine et pour la liberté, nous ne serons pas amenés, par la force des choses, à reconnaître vaines toutes tentatives de distinction entre les congrégations autorisées et celles qui ne le sont pas, et l'esprit des premières se confondant avec celui des secondes, c'est-à-dire des jésuites, à déclarer qu'il y a antinomie aussi complète entre elles et les conditions nécessaires d'existence de l'Etat démocratique et laïque qu'entre l'Etat traditionnel, tel qu'il a été constitué en France depuis deux siècles, et les jésuites.

Quant à ceux-ci, écoutez ce que, dans un livre paru il y a quelques mois et formé d'articles publiés par la Revue des Pères de la Compagnie de Jésus, le père Burnichon dit de l'enseignement congréganiste et ce que les Pères en attendent :

« Voilà cinquante ans que nous sommes en possession de notre conquête ; nous en avons très largement profité ; nos établissements libres se sont multipliés d'année en année, leur prospérité est allée croissant, comme leur nombre même ; si bien que, en dépit de tous les avantages que lui vaut la protection toute puissante de l'Etat, l'Université n'a pu retenir dans ses lycées et collèges la moitié de l'effectif de l'enseignement secondaire. Nous élevons donc dans nos maisons la moitié des jeunes gens appartenant à ce qu'on appelle les classes dirigeantes ; ils viennent de familles aisées pour la plupart, souvent même riches ; ils occupent des positions sociales élevées, et quelquefois même très influentes. Dans ces conditions, il semble que les catholiques de France devraient avoir dans le pays une autre situation que celle qu'ils ont en effet. Ils devraient obliger leurs adversaires à compter davantage avec eux ; ils ne devraient plus être des vaincus.

« Pourquoi le sont-ils, ayant pour eux ce qui fait la force, c'est-à-dire la culture de l'esprit, le talent, l'argent et, dans une certaine mesure, le nombre lui-même ? »

Le Père estime, d'ailleurs, qu'ils ne jouissent que d'une demi-liberté. La liberté entière, pour eux, consisterait à dresser les programmes à leur guise et à faire examiner leurs élèves, aux épreuves du baccalauréat, d'après ces programmes. « Si nous avions clairement la liberté d'enseignement, dit le père Burnichon, c'est-à-dire là liberté, non pas d'enseigner les programmes de l'Etat, mais de dresser les nôtres, d'après lesquels nos élèves seraient examinés, nous y donnerions à la science religieuse la place qui lui convient, c'est-à-dire la première ». Et comme, dans la même page, le père jésuite nous déclare que « pour préparer des chrétiens tels que le demande le temps présent, le catéchisme ne suffit pas » et que « la piété même n'est pas une garantie sur quoi on puisse faire fond », vous pouvez juger du type de citoyens que de tels éducateurs rêvent de façonner à la République française pour sa force et sa grandeur dans le xxᵉ siècle.

Ailleurs, l'excellent père confesse son regret que l'erreur soit libre et qu'il soit impossible de l'enchaîner. Quand le pouvoir d'enchaîner lui sera rendu, son ordre n'aura garde de tolérer la liberté.

Dans une lettre qu'il adressait l'an dernier au président de la Ligue, pour lui exprimer son regret de ne pouvoir se rendre au congrès de Toulouse, M. Léon Bourgeois disait :

« Jamais il n'a été plus nécessaire de poursuivre le grand combat pour la défense de la liberté de la pensée, source et garantie de toutes les libertés publiques et privées. Jamais contre l'enseignement de laïcité et de tolérance, fondé par la République, l'attaque ouverte ou cachée n'a été menée avec plus de passion et d'audace. Jamais, sans distinction de nuances, les fils de la Révolution n'ont eu le devoir de s'unir plus étroitement pour sauvegarder les conquêtes de la démocratie et faire triompher la grande cause qui, pour moi, se résume en ces deux mots : « la France à l'esprit français. »

Ce sentiment des nécessités de l'heure présente, des orateurs de la Ligue l'ont exprimé en une série de conférences faites sur divers points du pays, à Bordeaux, à Poitiers, à Angoulême, à Châlons, à Orléans, à Alais, et partout ils ont reçu des républicains une chaleureuse adhésion. A Rouen, le cercle de la Ligue, présidé par un ancien sous-secrétaire d'Etat dans le ministère Casimir-Perier, M. Maurice Lebon, a envoyé une adresse de félicitations au gouvernement pour le dépôt du projet de loi sur l'enseignement secondaire et a émis le vœu qu'une réforme de la loi de 1850 soit réalisée le plus tôt possible. A Paris enfin, il y a quelques semaines seulement, le conseil municipal nouvellement élu émettait le vœu que le droit d'enseigner soit retiré aux congrégations non autorisées et que les biens de mainmorte fassent retour à la nation. Si de ces manifestations formelles nous rapprochons tant de témoignages de sympathie qui ont été adressés en ces derniers mois au gouvernement par les conseils élus et les groupements républicains, l'engageant à persévérer dans sa politique de défense républicaine, nous pouvons avoir la confiance que le pays républicain est avec nous.

Pour nous, membres de la Ligue, tant qu'un résultat définitif n'aura pas été obtenu, nous continuerons notre propagande, et quand les dispositions de l'ancien article 7, adoptées par les deux Chambres, auront enfin été inscrites dans les lois, nous ne cesserons pas pour cela de redire au pays que la vigilance pour la défense de l'esprit et de l'enseignement laïques est au premier rang des devoirs qui s'imposent aux républicains.

C'est ce qu'exprime la formule de vœu que les deux précédents congrès de la Ligue ont déjà adoptée et que nous vous proposons d'adopter à votre tour avec une addition et une modification qui en précisent la portée:

Le Congrès fait appel à l'activité de propagande des sociétés fédérées pour parer aux graves atteintes portées à l'union morale et sociale de la France par l'enseignement congréganiste à tous ses degrés;

Félicite le gouvernement d'avoir compris et signalé aux Chambres le danger de recruter ses fonctionnaires parmi les jeunes gens qui ne sortent pas des établissements de l'Etat;

Et par suite émet le vœu:

1° Que la disposition législative proposée le 14 juin dernier par M. Rabier et adoptée par la commission des associations, portant interdiction aux membres des congrégations non autorisées de participer à l'enseignement, soit votée par les deux Chambres;

2° Qu'une inspection effective de l'enseignement libre soit organisée et des mesures prises pour que la loi ne puisse être tournée;

3° Que les bourses de l'État dans les grandes écoles du gouvernement ne soient accordées qu'aux aspirants qui ont fait leurs études dans les établissements de l'Etat (1).

(1) Vœu adopté à l'unanimité de ses membres par le congrès.

III

Sommaire. — Le vote de la loi sur les associations, l'article 14. — L'éternelle bataille. — La liberté de l'enseignement et les cléricaux. — Une conception de la liberté dans l'Université. — Défense de l'État laïque. — Jules Simon et M. Rambaud à propos de l'article 14. — M. Rambaud et l'article 7. — L'inspection de l'enseignement libre. — Les droits de l'État. — Le rôle de l'initiative privée dans une démocratie (1)

Un grand acte législatif s'est accompli depuis notre dernier congrès. Le 26 mars dernier, la Chambre des députés adoptait, par 312 voix contre 216; le Sénat adoptait à son tour le 22 juin, par 179 voix contre 93, l'article 14 du projet de loi sur les associations, qui devenait définitivement loi de l'État, par suite d'un nouveau vote de la Chambre sur l'ensemble de la loi, le 29 juin, et qui est ainsi conçu:

« Nul n'est admis à diriger, soit directement, soit

____

(1) Rapport présenté au congrès de Caen le 1er août 1901.

par personne interposée, un établissement d'enseignement, de quelque ordre qu'il soit, ni à y donner l'enseignement, s'il appartient à une congrégation religieuse non autorisée.

« Les contrevenants seront punis des peines prévues par l'article 8, paragraphe 2 (amende de 16 à 5.000 francs et emprisonnement de six jours à un an). La fermeture de l'établissement pourra, en outre, être prononcée par le jugement de condamnation. »

C'est, avec plus de précision dans les termes, l'ancien article 7, proposé autrefois par Jules Ferry et qui, voté par la Chambre, avait été repoussé par le Sénat sur l'intervention de Jules Simon et de Dufaure. Et de même que le président du conseil, M. Waldeck-Rousseau, pouvait dire à la Chambre, dans la séance du 25 mars, en demandant à la majorité républicaine de voter cet article, qu'il sollicitait d'elle surtout un vote de fidélité à la tradition républicaine, de même nous sommes dans la tradition de la Ligue de l'Enseignement, en enregistrant, avec la plus vive satisfaction, comme un des actes les plus significatifs de la défense républicaine, démocratique et laïque, le vote d'une loi que notre vœu du XXe congrès, l'an dernier, à Paris, appelait expressément, et où nous nous plaisons à voir comme l'engagement catégorique et formel de persévérer dans une voie où l'on n'avait que trop tardé à entrer.

« Les soussignés, écrivaient le 30 avril 1879 Jean Macé et ses collègues du comité du Cercle Parisien de la Ligue à Jules Ferry, regardent comme un devoir de vous féliciter de l'heureuse initiative que vous avez prise pour la revendication des droits de l'État en matière d'enseignement. Ne vous laissez pas arrêter, monsieur le ministre, par les réclamations intéressées d'un parti qui n'invoque la liberté que pour édifier la servitude ». Ni la majorité républicaine des deux Chambres, ni le gouvernement ne se sont laissé arrêter par ces mêmes réclamations, et nous aussi nous adressons aux majorités républicaines, pour la fermeté qu'elles ont montrée et au gouvernement pour l'énergie avec laquelle il a conduit ces débats mémorables, les plus vives et les plus cordiales félicitations.

Vous vous rappelez ces longues et remarquables discussions. Si l'opposition de nos adversaires a trouvé d'éloquents interprètes, la pensée laïque et la tradition républicaine ont été exposées, soutenues, maintenues, par des orateurs qui sont l'honneur de la tribune française, et nous pouvons bien le dire avec fierté, à une époque où un parti s'efforce de discréditer le régime parlementaire, comme si la démocratie pouvait avoir de plus sûr garant du respect de ses droits, de moyen plus efficace de réforme et de progrès que cette libre discussion, entre les mandataires de la nation, des lois dont nous attendons plus de bien-être pour tous et plus de justice sociale.

Mais si elles ont pris fin à la tribune du Parlement, ces discussions recommenceront, croyez-le bien, dans la presse et dans le pays, quand viendra, très prochainement, le moment d'appliquer la loi, et elles se poursuivront, avec plus de vivacité peut-être encore, jusqu'au jour de mai prochain, où les électeurs auront à réélire leurs députés.

Tous les adversaires de la République et de l'esprit laïque, tous ceux qui, dans les batailles prochaines, comptent, pour l'emporter, sur le concours de la réaction, tous ceux-là répéteront l'argument tant de fois ressassé, à savoir que la partie de la loi des associations qui concerne les congrégations religieuses est une violation du droit commun, comme si des groupements exceptionnels par essence, tels que les congrégations participaient en rien du caractère de l'association ; et longtemps encore nos adversaires rediront que par l'article 14, en interdisant aux congrégations non autorisées tout droit d'enseigner, nous violons aussi la liberté de l'enseignement.

Et ainsi, vous voyez quelle va être maintenant notre tâche, à nous, Ligue de l'Enseignement, dans le grand combat qui se poursuit entre les partisans résolus de l'esprit laïque, de l'État laïque, et les membres de l'hétéroclite coalition qui, sous des noms peut-être divers, ne sont au fond que les servants du cléricalisme et, à tout le moins, consciemment ou non, ses auxiliaires.

La liberté de l'enseignement, M. Ribot, M. Aynard s'en sont faits, aux côtés de M. de Mun, les défenseurs ; tous deux ont protesté contre la loi au nom de la liberté ; mais ni l'un ni l'autre ne s'est demandé quelle était la réalité des choses, si cette liberté de l'enseignement était accessible à tous, par conséquent si, inscrite dans les lois et décrétée théoriquement, elle existait en fait véritablement, et je n'ai pas besoin de vous dire que M. de Mun a jugé inutile, de son côté, de nous expliquer comment, sous un gouvernement de son choix, dans le régime de ses rêves, serait organisée cette liberté. Aussi bien, n'en ferons-nous pas un reproche à l'orateur clérical. De l'amour sincère et profond que nourrit le cléricalisme à l'égard de la liberté en général et, en particulier, de la liberté de l'enseignement, qu'eût-il pu nous apprendre que nous ne sachions très bien ? L'histoire est là pour rappeler incessamment à tous que la liberté de l'enseignement, telle que l'entend le cléricalisme, n'est que l'asservissement des autres à sa propre organisation, à sa propre doctrine. Vous savez ce que les cléricaux, un moment triomphants en 1850, ont fait alors de l'Université, c'est-à-dire la dislocation profonde — et irrémédiable, pensaient-ils, — de l'organisation universitaire, et la prépondérance accordée dans tous ses conseils aux représentants du clergé ; ils devenaient les maîtres dans ce grand corps et cependant ceux qui avaient lutté pour obtenir ce résultat se sentaient obligés de s'excuser de n'avoir pu obtenir davantage. « Sans doute, disait un mémoire secret adressé aux évêques en décembre 1849 et qu'on attribue, non sans raison, à M. Dupanloup, sans doute on pouvait désirer que l'instruction publique fût entièrement et exclusivement confiée à l'Église. » C'était l'idéal. Les temps n'ont pas permis d'y atteindre ; du moins, s'en est-on alors rapproché autant que possible. Les pères de la société de Jésus se sont chargés, à diverses reprises, et l'un deux, le père Burnichon, dans un livre récent, de nous rappeler que cet idéal n'était pas changé. Voilà ce qu'est la liberté de l'enseignement pour les cléricaux.

Telle n'est pas assurément la conception qu'en ont M. Aynard, M. Ribot et leurs amis. Mais comment ne répéterions-nous pas que leur prétendu libéralisme n'est qu'une duperie et que la liberté de l'enseignement, telle qu'elle est sortie de la loi de 1850, a eu pour résultat de tuer l'enseignement laïque libre, de sorte que ce régime de soi-disant liberté a abouti à la constitution de deux monopoles rivaux, celui de l'État et celui de l'Église, entre lesquels il est presque impossible à tout établissement laïque libre de vivre, et dès lors qu'est-ce qu'une liberté dont deux concurrents seuls ont la possibilité de jouir?

La liberté de l'enseignement, certes, autant et plus que ceux qui s'en font bruyamment les défenseurs, nous en sommes partisans; mais nous la voudrions dans les faits et pas seulement inscrite dans les lois. On imagine aisément un état social où, à côté des écoles de l'État, se trouveraient, vivant dans l'émulation féconde qui naîtrait du mutuel désir de préparer, chacun selon ses principes, de bons et utiles citoyens au pays, des établissements aussi variés que les doctrines politiques, sociales, religieuses; l'État s'attacherait à avoir des écoles modèles, où, sous la direction des maîtres les plus éminents, en même temps que les résultats de sa propre expérience, il mettrait à profit les enseignements que l'application des différentes méthodes aurait suggérés partout comme les plus propres à donner à la jeunesse la plus solide instruction et une éducation vraiment nationale; ce serait tout à la fois un surveillant attentif de l'initiative privée et un rival bienveillant et éclairé; chaque grand parti politique ou social, chaque doctrine religieuse aurait ses établissements où s'affirmerait, dans cette œuvre redoutable de l'éducation des jeunes générations, et sous la forme la plus élevée, son idéal ; et dans cette diversité même on retrouverait l'image de la Nation tout entière, avec ses différents caractères et aussi son unité, parce qu'au-dessus des divergences particulières apparaîtraient certains principes communs, une part d'idéal acceptée par tous, qui seraient comme la marque persistante et certaine du maintien de la race et de la nationalité. Mais cela, est-ce que l'Université même ne nous l'offre pas ? Dans l'un des discours qu'il a prononcés à la Chambre à l'occasion de la loi sur les associations, M. de Mun reprochait à l'État, à l'Université, de n'avoir point de doctrine propre, d'en enseigner, au contraire, plusieurs, selon les convictions diverses des professeurs, parmi lesquels il y a, disait-il, des croyants et des athées, des matérialistes et des spiritualistes, des chrétiens et des juifs, des catholiques et des protestants. Mais cette énumération n'est-elle pas la preuve et la meilleure que l'Université est constituée à l'image de la Nation, qu'elle est composée des mêmes éléments, qu'elle en reflète fidèlement tous les aspects, et de cette co-existence dans le même corps, collaborant à la même œuvre, de tant d'hommes animés d'opinions et de convictions diverses, ne résulte-t-il pas à l'évidence que l'Université, comme une grande et perpétuelle leçon de choses, est l'école par excellence de la tolérance, combattue pour cela même et d'autant plus ardemment par les partisans de l'école du dogme étroit, de la compression de l'esprit et de l'intolérance ? Et ne pourrions-nous dire qu'en elle ainsi se trouve réalisée, non sans doute dans la forme que rêvent les ambitions de parti et les appétits de domination, mais véritablement dans son esprit, la liberté de l'enseignement ? L'Université a cependant sa doctrine, faite des principes issus de la philosophie du dix-huitième siècle et de la Révolution, les principes mêmes qui gouvernent les sociétés modernes et dont le ministre de l'instruction publique disait excellemment qu'ils sont la liberté de conscience, la liberté de pensée, la propriété, l'égalité des droits civiques et politiques. Cette doctrine laïque, un seul parti la repousse : celui de la contre-Révolution. De là vient l'état de choses présent. Quand on examine la nature et le caractère des divers établissements entre lesquels se partage la jeunesse française, y voyons-nous la représentation particulière des diverses forces politiques, sociales, religieuses, se faisant équilibre, par suite neutralisant certains efforts contraires et réalisant cette participation de tous à la liberté de l'enseignement ? A côté de l'État enseignant, qu'y a-t-il ? Encore une fois, il y a l'Église dont le but est de supplanter l'État, de l'asservir. Comment l'État ne se défendrait-il pas ? C'est son droit, et c'est son devoir. Parce qu'il a tardé trop longtemps à user de l'un et à accomplir l'autre, la nécessité de se défendre n'en est que plus urgente.

Le fait-il sous la forme la meilleure ? Certains adversaires de l'article 14 ont reproché au gouvernement d'avoir introduit dans une loi sur les associations une disposition législative qui eût été mieux à sa place, disaient-ils, dans une loi sur l'enseignement. Or, précisément, c'est dans une loi sur l'enseignement que Jules Ferry avait inscrit son article 7, et vous pouvez vous souvenir encore d'une lettre où Jules Simon reprochait au gouvernement d'alors d'avoir introduit dans une loi, relative à l'enseignement, ce même article 7, « qui serait mieux à sa place, disait-il, dans une loi sur les associations ». A qui faut-il s'en rapporter, du Jules Simon de 1876 ou de ses successeurs de 1901 ?

De même, vous avez vu un des anciens collaborateurs de Jules Ferry, M. Rambaud, demander au Sénat le remplacement de l'article 14 par une disposition législative annonçant une organisation spéciale du contrôle de l'État sur l'enseignement libre, et comment ne pas nous rappeler qu'à Jules Ferry aussi, soutenant l'article 7 devant la Chambre, la même objection fut faite par M. Bardoux sous la forme d'un contre-projet qui substituait à la suppression des maisons jésuitiques cette même inspection, et que Jules Ferry s'y opposa énergiquement, parce que le remède, « chimère, disait-il, d'un généreux esprit », n'eût pu être qu'une déception ? « L'inspection de la loi de 1850, ajoutait-il, ne peut conduire qu'à des mesures individuelles, et quand on est en face d'un certain enseignement, qui n'est plus un enseignement individuel, les mesures individuelles sont un acte d'impuissance, et mieux vaut alors, pour la dignité du pouvoir, l'aveuglement volontaire des précédents gouvernements. Oui, en face d'un corps collectif, d'un enseignement qui est l'œuvre d'un corps — laïque, religieux, peu importe ! — quand la lutte s'engage avec une corporation enseignante dont les traditions et les doctrines sont connues et qui peut incessamment renouveler son personnel, cette corporation peut braver impunément toutes les mesures individuelles. »

La situation est-elle aujourd'hui si différente de celle de 1879 ? Nous prétendons, nous, qu'elle n'offre que des raisons nouvelles d'opposer une digue au débordement du flot congréganiste. On s'est borné à rééditer l'article 7. Or, qu'est-ce, historiquement, que l'article 7 ? Le même M. Rambaud, qui est, vous le savez, un historien éminent, écrivait ceci, en mars 1893, dans la *Revue bleue*, au lendemain de la mort de Jules Ferry :

« A ceux, à celles que ce chiffre fatidique met encore en émoi, demandez ce que c'est, au juste, que l'article 7. Ils seront sans doute embarrassés de répondre : on peut avoir la rancune tenace et la mémoire courte ; on obéit à un mot d'ordre donné, il y a treize ans, et dont on a oublié le sens. On étonnerait beaucoup d'orléanistes en leur faisant lire cette même disposition, sous le numéro 36, dans le projet de loi présenté en 1836 par M. Guizot ; puis sous d'autres numéros, dans les projets présentés en 1841 et en 1844 par M. Villemain. Si les Chambres de Louis-Philippe se sont refusées à voter ces projets, est-ce parce qu'ils interdisaient l'enseignement aux membres des congrégations non autorisées ? Non, c'est parce que les bourgeois d'alors n'entendaient le permettre ni aux congrégations autorisées ou non, ni aux ecclésiastiques séculiers, ni même aux laïques qui n'étaient pas membres de l'Université. Ils voulaient maintenir dans son intégrité le monopole universitaire. Quand le duc de Broglie s'élevait au Sénat contre les propositions de M. Ferry, on n'avait qu'à lui opposer les doctrines très nettes de l'ancien duc de Broglie. « Ecoutez votre père ! » lui criaient ses collègues républicains.

« Le rejet de l'article 7 par le Sénat amena la remise en vigueur des lois contre les congrégations non autorisées. Je dis : la remise en vigueur, car on n'eut pas à édicter une disposition nouvelle. On rentra simplement dans une tradition constante, nationale, deux ou trois fois séculaire, qu'ont suivie l'ancien régime, le premier Empire, la Restauration, la Monarchie de Juillet, le second Empire. Louis XIII avait imposé la soumission aux chefs des ordres mendiants, menaçant « d'extirper, de jeter et de mettre hors du royaume tous les religieux de l'ordre qui feraient le contraire ». La *Commission des réguliers*, sous Louis XV, a supprimé les couvents par douzaines. L'abolition de la compagnie de Jésus fut réalisée avec une violence extrême par les pouvoirs d'alors. Napoléon a consacré toutes les dispositions des assemblées révolutionnaires sur la suppression des ordres religieux. Sous le pieux Charles X, sept petits collèges de jésuites avaient réussi à se constituer en silence : devant les dénonciations de royalistes convaincus, comme M. de Montlosier, le ministre des cultes, qui était un évêque, ferme ces collèges. En 1860, M. Rouland, ministre de Napoléon III, rappelait que « la loi de 1850 (liberté de l'enseignement) n'a point eu pour but d'éluder les prohibitions qui frappent les congrégations religieuses d'hommes ». Comme sanction, il faisait fermer les collèges de jésuites du Mans et de Brest. On avait fermé en 1853 celui de Montaud. On supprimait les capucins d'Hazebrouck, les rédemptoristes de Douai, Arras, Boulogne, etc. Ces souvenirs peuvent embarrasser les légitimistes, les orléanistes, les impérialistes d'aujourd'hui. Au lieu de discuter ces précédents, on a préféré invectiver.

« A-t-on assez parlé des violences commises au lendemain des « décrets Ferry » contre les portes de certaines maisons religieuses ? Et cependant combien tout cela fut anodin ! »

S'il nous fallait une approbation pour tranquilliser notre conscience et justifier notre propagande, cette appréciation du Rambaud de 1893 sur l'article 7 et la dispersion des congrégations non autorisées nous suffirait amplement. Il n'en est pas de plus autorisée.

Oui, tout cela fut anodin. Et l'article 14 serait bientôt inefficace, comme le furent les décrets, si toute la vigilance du gouvernement ne demeurait en éveil et si des mesures spéciales n'étaient prises pour en assurer le respect et l'application.

Et ainsi nous arrivons à la seconde partie du vœu qu'a émis l'an dernier le vingtième Congrès de la Ligue :

« Qu'une inspection effective de l'enseignement libre soit organisée et des mesures prises pour que la loi ne puisse être tournée. »

Cette inspection, qui eut été insuffisante sans l'article 14, est indispensable après le vote de la loi. A l'heure présente, d'inspection il n'en existe pas. Aux termes de la loi de 1850, elle devait porter sur la moralité, l'hygiène et la salubrité, et ne pouvait toucher à l'enseignement que pour vérifier s'il n'était pas contraire à la morale, à la constitution et aux lois. Son domaine était singulièrement restreint. L'Etat n'usa guère de ce maigre droit de surveillance. En 1886, une inadvertance du législateur que signale avec raison M. Ribot dans son introduction au Rapport général de la commission parlementaire de l'enseignement, en supprimant deux titres de la loi de 1850, supprima du même coup cette inspection, de sorte qu'il n'y a plus rien. Plus de surveillance, plus d'inspection des établissements libres. Cela était extraordinaire avant la loi du 1er juillet dernier ; il serait plus qu'étrange qu'un tel état de choses survécût au vote de la loi.

Bien entendu, les résistances qu'a rencontrées chez les cléricaux l'article 14, il faut s'attendre à les retrouver quand on parlera d'organiser cette inspection. Reportez-vous aux déclarations des directeurs d'écoles congréganistes qui déposèrent devant la commission de l'enseignement. A presque tous, le président de la commission pose cette question : — Feriez-vous une objection à ce que l'inspection de l'Etat s'exerçât dans les établissements libres ? Et tous de répondre, comme M. Péchenard, recteur de l'Institut catholique de Paris : — « Je m'y opposerai le plus que je pourrai, parce que ce ne serait plus de la liberté ». L'un d'eux, l'abbé Havret, directeur de l'externat de la rue de Madrid, à Paris, et membre de la compagnie de Jésus, fait cette réponse humoristique : « Je ne désire pas de restriction à ma liberté. Je serais très heureux que quelqu'un vînt dîner chez moi, si je l'invitais ; s'il s'invite, je trouve la chose fort déplaisante ». N'en déplaise au bon père, nous entendons que les représentants de l'Etat — de l'Etat laïque et républicain — n'aient pas besoin d'être invités pour aller voir dans les établissements libres ce qui s'y passe, ce qui s'y dit, c'est-à-dire non seulement si les dortoirs sont propres et les cours spacieuses, mais ce que l'on enseigne, quels individus enseignent et de quelle façon on y entend et pratique l'éducation. Nous entendons que cette inspection ne soit pas une visite de pure forme, qu'elle soit régulière, sérieuse, que le droit de surveillance de l'Etat soit exercé tout entier, et que, ce droit une fois bien affirmé dans la loi, ne puisse plus se reproduire impunément l'aventure, contée autrefois par Jules Ferry, de cet inspecteur qui, se présentant à la porte d'un établissement tenu par les jésuites, reçoit le plus gracieux accueil, est promené partout, dans les dortoirs, au réfectoire, à l'infirmerie, à la lingerie, dans les cours, dans les jardins ; puis, comme il demande à voir les élèves et à assister aux cours : « Nos élèves ? répond le supérieur. Nous connaissions le jour de votre arrivée ; nous leur avons donné congé en votre honneur (1). »

(1) A rapprocher de la déposition de M. l'abbé Baunard, recteur de l'Institut catholique de Lille :

« M. le président. — L'Institut catholique, dont vous êtes recteur, est-il en relations directes et fréquentes avec les institutions d'enseignement secondaire, ou se renferme-t-il dans son rôle d'institut de l'enseignement supérieur ?

« M. Baunard. — Nous avons établi des relations habituelles, non seulement fraternelles, mais aussi académiques, avec l'enseignement secondaire.

« Nous avons établi un concours général entre nos écoles libres de la région du Nord et du Pas-de-Calais qui sont fort nombreuses et qui comptent ensemble 5,080 élèves.

« Nous avons, à votre instar, et nous nous en trouvons très bien, nommé deux de nos maîtres comme inspecteurs de nos collèges

Heureusement, sur la nécessité de cette inspection, il semble bien que tous les républicains soient d'accord. M. Ribot l'a réclamée dans son rapport. Il la tient pour une nécessité, « nécessité politique, dit-il, et surtout nécessité morale, pour marquer que l'Etat n'abdique pas, qu'il entend ne pas rompre tous liens entre lui-même et l'enseignement libre ». Et il rappelle avec raison ces paroles de Guizot, en 1836 : « Tout droit appelle une surveillance et le premier devoir de la liberté est d'accepter la publicité. L'intérieur des établissements privés ne saurait donc être inaccessible à la puissance publique. Le ministre pourra les faire visiter et inspecter toutes les fois qu'il le jugera convenable. L'Etat accepte la concurrence avec la liberté, mais la prééminence ne cesse de lui appartenir. Elle lui confère le droit de porter partout ses regards, de manifester hautement sa pensée, et ce droit, c'est pour lui un devoir, dont il ne saurait se départir sans altérer la moralité publique en abaissant sa propre dignité. »

ecclésiastiques, l'un pour les lettres, l'autre pour les sciences.

« M. le président. — Ils sont nommés par les évêques ?

« M. Baunard. — Oui, monsieur le président, mais comme à une fonction accessoire, sans préjudice de leur fonction principale dans nos facultés et moyennant une très modique subvention pour leurs déplacements et leurs frais de tournées.

« M. le président. — Ils vont dans tous les collèges ?

« M. Baunard. — Ils y vont plusieurs fois l'année.

« M. le président. — Vont-ils même dans les collèges qui ont appartenu autrefois à des congrégations ?

« M. Baunard. — Les congrégations n'ont pas été sollicitées de nous recevoir.

« M. le président. — Alors ce n'est pas seulement les inspecteurs de l'Etat qu'elles ne désirent pas voir. Vous les reconnaissez donc, quoiqu'il n'y ait plus légalement de congrégations; elles gardent toujours leur physionomie ancienne. Reçoivent-elles la visite de vos inspecteurs ?

« M. Baunard. — Elles ne les ont pas refusés.

« M. le président. — Mais en fait ils n'y vont pas. »

Nous espérons que ce droit, le gouvernement saura en user, et que ce devoir, il aura à cœur de le remplir tout entier, et ici, j'ai plaisir à citer encore M. Ribot : « Que le gouvernement, écrit le président de la commission de l'enseignement, n'abandonne aucune de ses prérogatives légitimes ; qu'il veille à ce que les fonctionnaires ne se servent pas contre l'éducation donnée par l'Etat de l'autorité morale qu'ils tiennent de leurs fonctions ». On ne saurait mieux dire. Le temps n'est plus où un ministre de la marine de la République ayant retiré ses fils d'un lycée de l'Etat pour les confier à un établissement monastique, le président du conseil d'alors disait à la tribune que c'était l'usage pur et simple du droit du père de famille.

« Le gouvernement, lit-on dans l'exposé des motifs du projet de loi connu sous le nom de projet sur le stage scolaire, le gouvernement a le devoir de demander un concours loyal et dévoué aux fonctionnaires et à tous ceux qui, à un degré quelconque, peuvent être les dépositaires de la puissance publique ». Que penseraient nos populations de la loyauté et du dévouement de ce concours si ces mêmes fonctionnaires pouvaient impunément témoigner de leur défiance et leur hostilité à l'égard des établissements de l'Etat, c'est-à-dire de l'Université ? Et à vous, comme aux membres des précédents congrès, il apparaîtra que le gouvernement aura une garantie nouvelle de cette loyauté nécessaire et de ce dévouement s'il choisit ses fonctionnaires, c'est-à-dire les fonctionnaires de la République, parmi les jeunes gens qui ont fait leurs études dans les établissements de la République, c'est-à-dire dans l'Université.

Mais quand l'article 14 de la loi du 1er juillet dernier aura reçu sa pleine application, quand cette inspection de l'enseignement libre, condition du respect de la loi, aura été organisée, quand toutes les mesures administratives qui sont la conséquence logique et nécessaire de la règle édictée par l'article 14 et du principe qui l'a inspiré auront été prises, notre tâche, à nous, membres de la Ligue, ne sera pas terminée. Il serait puéril de penser que la lutte entre les prétentions de la société religieuse à la domination et le droit de l'Etat laïque à la prééminence aura cessé ; elle se poursuivra sous d'autres formes, plus ou moins vive selon les temps, mais toujours persistante.

Nous suivrons donc, avec un intérêt attentif, tous les événements qui résulteront de l'application de la loi et en toute occasion, comme tant de conférenciers de la Ligue l'ont fait depuis trois ans dans l'ensemble du pays, nous redirons à tous qu'à côté de l'Etat l'initiative individuelle, dans une libre démocratie, a son rôle à remplir et que toujours aussi présent existe pour les républicains le devoir de défendre l'esprit laïque, l'Etat laïque et son enseignement.

C'est dans ces sentiments que nous vous proposons d'adopter la formule de vœu suivante, qui résume toute notre propagande :

Le Congrès fait appel à l'activité de propagande des sociétés fédérées pour travailler à l'union morale et sociale de la France par le développement de l'enseignement laïque à tous ses degrés :

Félicite le gouvernement et la majorité républicaine des deux Chambres pour la fermeté et l'énergie qu'ils ont montrée à l'occasion particulièrement du vote de l'article 14 de la loi sur les associations;

Et émet le vœu qu'une inspection effective de l'enseignement libre soit organisée et des mesures prises pour que l'article 14 de la loi du 1er juillet 1901 reçoive sa pleine et entière application (1).

(1) Adopté, ainsi que les précédents, à l'unanimité du congrès, ce vœu a été transmis au gouvernement qui a fait au président de la Ligue la réponse suivante :

« Paris, le 10 octobre 1901.

« MONSIEUR LE PRÉSIDENT,

« Vous m'avez fait l'honneur de me faire parvenir, en même temps qu'une adresse de félicitations au gouvernement, un vœu émis par le XXIe Congrès national de la Ligue française de l'Enseignement en vue d'obtenir qu'une inspection effective de l'enseignement libre soit organisée à bref délai.

« Je vous prie, Monsieur le président, de vouloir bien agréer et faire agréer par les signataires de l'adresse en question les meilleurs remerciements du gouvernement qui a été très touché de ce témoignage de sympathie.

« Je m'empresse, d'ailleurs, de signaler à la bienveillante attention de M. le ministre de l'instruction publique le vœu formulé par le congrès de la Ligue.

« Agréez, Monsieur le président, etc.

« Pour le président du conseil, ministre de l'intérieur et des cultes,

« Le conseiller d'Etat, secrétaire général,

« DEMAGNY. »

APPENDICE

Le vote sur l'article 14.

A LA CHAMBRE

La discussion de l'article 14 occupa, à la Chambre des députés, trois séances : le 20 mars, discours de M. Aynard contre et de M. Massé pour ; le 21, discours de M. de Mun contre ; le 25, discours de M. Leygues, ministre de l'instruction publique, pour, de M. Denys Cochin contre. Une proposition de disjonction est alors déposée par M. Cazals : défendue par M. Ribot, combattue par M. Waldeck-Rousseau, elle est repoussée par 297 voix contre 248. Des amendements proposés par MM. Théodore Denis, Bouctot, Lemire, sont successivement repoussés, et l'article 14 est adopté par 312 voix contre 216.

Ont voté pour :

MM. Abel Bernard (Vaucluse). Aimond (Seine-et-Oise). Albert Poulain. Allard. Allemane. Allombert. Audrieu. Antoine Gras (Drôme). Arbouin. Emmanuel Arène. Armez. Astier. Colonel Astima. Aucouturier. Augé.

Babaud-Lacroze. Bachimont. Balandreau. Barthou. Basly. Pierre Baudin. Baudon (Oise). Baulard. Beauquier. Bénézeph. Alexandre Bérard. Paul Bernard (Seine). Bersez. Berteaux. Berthelot. Berthet. Berton. Bizot. Henri Blanc (Haute-Loire). Raoul Bompard. Bonard. Bony-Cisternes. Bordier. Borne. Charles Bos. Léon Bourgeois (Marne). Bourrat. Boutard. Boysset.

Jules-Louis Breton (Cher). Breton (Seine-Inférieure). Henri Brisson. Brune. Bussière.

Cadenat. Caillaux. Calvinhac. Canet. Cardon. Carnaud. Castillard. Cazauvielh. Edmond Caze. Emile Cère. Chabert (Rhône). Adrien Chabrié. Chambige. Chambon. Chamerlat. Chandioux. Chanoz. Chapuis. Charles Chabert (Drôme). Charonnat. Charruyer. Chassaing. Guillaume Chastenet. Chaussier. Chautemps. Chauvière. Emile Chauvin. Chavet. Chenavaz. Chevillon. Chopinet. Albert Christophle (Orne). Clément Clamant. Clédou. Georges Cochery. Codet. Colliard. Emile Compayré. Constant. Corderoy. Lucien Cornet. Coutant. Cruppi.

Dasque. Dauzon. Alban David (Indre). Fernand David (Haute-Savoie). Henri David (Loir-et-Cher). Debève. Debussy. Decker-David. Decrais. Defontaine. Dejeante. Delarue. Delbet. Delcassé. Gustave Delestrac. Délieux. Delmas. Paul Delombre. Denécheau. Gabriel Denis. Derveloy. Desfarges. Deshayes. Devèze. Disleau. Dorian. Gaston Doumergue. Dron. Dubief. Emile Dubois (Seine). Jacques Dufour (Indre). Eugène Dufour (Isère). Dujardin-Beaumetz. Charles Dumont. Dunaime. Dutailly.

Eliez-Evrard. Empereur. Escanyé. d'Estournelles. Etienne. Euzière.

Achille Fanien. Ferrero. Ferroul. Fiquet. Florent. François Fournier. Fournière.

Gacon. Galley. Gallot (Yonne). Galy-Gasparrou. Garnier. Gauvin. Genet. Gentil. Gerville-Réache. Giacobbi. Girardin. Girou. Goujat. Goussot. Gouzy. Charles Gras. Paschal Grousset. Groussier. Gueneau. Guieysse. Guillemet. Guingand. Guyot-Dessaigne.

Henrique-Duluc. Herbet. Hubbard. Hubert. Hugon. Clovis Hugues (Seine). François Hugues (Aisne). d'Iriat d'Etchepare.

Isambard. Gustave Isambert. Isnard. Jacob. Jaouen. Louis Jourdan. Jourde. Joxé. Jumel.

Kelsch. Klotz. Krauss.

De La Batut. Labussière. Lachaud. Lafferre. Lagasse. Laloge. Lamendin. De Lanessan. Lassalle. Lauraine. Laurençon. Le Clec'h. Leffet. Légitimus. Leglos. Lemasson. Léon Pommeray. Lepez. Modeste Leroy (Eure). Lesage. Létang. Le Troadec. Levraud. Honoré Leygue (Haute-Garonne). Raymond Leygue

(Haute-Garonne). Georges Leygues (Lot-et-Garonne). Lhopiteau
Limouzain-Laplanche. Lockroy. Loriot. Louis Blanc (Drôme)
Loup.

Magniaudé. Malaspina. Marchal. Henry Maret. Louis Martin
(Var). Bienvenu Martin (Yonne). Maruéjouls. Massé. Mathé
Maurice Faure. Maymac. Léo Melliet. Gaston Menier. Jules
Mercier. Merlou. Mesureur. Michel. Millerand. Mirman. Mollard.
Monfeuillard. Morel. Morinaud. Morlot. Mougeot. Mougin.

Narbonne. Noël.

Odilon-Barrot. Olive. Ordinaire.

Pajot. Palix. Pams. Pasqual (Nord). Pastre. Paul Faure
Pavie. Peignot. Camille Pelletan. Germain Périer (Saône-et-
Loire). Périllier. Péronneau. Perrin. Philippe. Pourquery de
Boisserin. Pourteyron.

Fernand Rabier. Ragot. Claude Rajon. Razimbaud. Regnault.
Rendu (Oise). Renou (Seine). Emile Rey. Henri Ricard (Côte-
d'Or). Louis Ricard (Seine-Inférieure). Ridouard. Gustave Rivet.
Roch. Ernest Roche (Seine). Rolland (Pyrénées-Orientales).
Rouanet. Charles Rousse. Rouvier. Roux (Basses-Alpes). Ruau.

Salis. Sarrazin. Sarrien. Saumande. Sauvanet. Sembat. Si-
myan. César Sirot. Surchamp.

Théron. Theulier. Thomson. Tiphaine. Tourgnol. Tramu.
Georges Trouillot.

Ursleur.

Vaillant. Pierre Vaux. Vazeille. Vigné. Ville. Villejean. Vival.
Viviani.

Walter. Weil-Mallez. Wilson.

Zevaès.

Ont voté contre :

MM. Achille Adam. Comte d'Agoult. Alicot. Comte d'Alsace,
prince d'Hénin. Amodru. Anthime-Ménard. Prince d'Arenberg.
Arnous. Audiffred. Comte d'Auland. Aymé. Edouard Aynard.

Balsan. Bansard des Bois. Baron. Barrois. De Baudry d'Asson.
Bazillon. Paul Beauregard. De Benoist. Georges Berger. Charles
Bernard (Gironde). Bertrand. Bischoffsheim. Edmond Blanc
(Hautes-Pyrénées). Henry Boucher. Bouctot. Boudenoot. Fer-
dinand Bougère. Laurent Bougère. Paul Bourgeois (Vendée).

Comte de Boury. Jules Brice (Meurthe-et-Moselle). René Brice (Ille-et-Vilaine). Brindeau. Duc de Broglie.

Paul de Cassagnac. Castelin. Comte Boni de Castellane. Godefroy Cavaignac. Cazals. Marquis de Chambrun. Chénel. Emile-Chevallier. Baron de la Chevrelière. Albert Chiché. Christophle (Isère). Cibiel. Claudinon. Denys Cochin (Seine). Henry Cochin (Nord). Colle. Vicomte Cornudet (Seine-et-Oise). Cosmao-Dumenez.

Jules Dansette. Darblay. Daudé. Delaune. Delpech-Cantaloup. Denis (des Landes). Déribéré-Desgardes. Derrien. Jules Desjardins. Dubochet. Victor Dubois (de Dreux). Constant Dulau. Julien Dumas. Dupuytrem. Duquesnay. Dussaussoy. Jules Duvau.

Comte d'Elva. Ermant. Marquis de l'Estourbeillon.

Fachard. Adrien Farjon. Fenal. Fleury-Ravarin. Forest. Achille Fould. Camille Fouquet. Fournol.

Gabiat. Gallié. De Gailhard-Bancel. Jules Gaillard. Jules Galot (Loire-Inférieure). Gaston Galpin. Gautret. Gay (Victor). Gayraud. Gellé. Baron Gérard. Gervaize (Meurthe-et-Moselle). Gévelot. Comte Le Gonidec de Traissan. Comte Joseph de Gontaut-Biron. Julien Goujon (Seine-Inférieure). Gourd. De Grandmaison. Lieutenant-colonel Guérin. Guibert. Guillain. Guyard.

Lieutenant-colonel du Halgouët. Harriague Saint-Martin. Haussmann. Heuzey.

Jacquemin. Général Jacquey. Jouart. Jules Jaluzot. Jules Legrand (Basses-Pyrénées).

J. de Kerjégu. Marquis de Keroüartz. Camille Krantz.

Comte de La Bourdonnaye. Lachièze. Marquis de la Ferronnays. Henri Laniel. Comte de Lanjuinais. Lannes de Montebello. Rioust de Largentaye. Laroche-Joubert. Laroze. Lasies. Maurice Lasserre. Paul Lebaudy. Lebrun. Lechevallier. Léglise. Arthur Legrand (Manche). Le Hérissé. Lemire (Nord). Le Moigne. Le Myre de Vilers. Lerolle. Marquis de Lespinay. Comte de Lévis-Mirepoix. Loyer.

Baron de Mackau. Magne. Mando. Massabuau. Maurice Binder. Marquis de Maussabré. Méline. Meyer. Millevoye. Miossec. Monsservin. Comte de Montaigu. Comte de Montalembert. Morcrette-Ledieu. Léon Morillot. Motte. Marquis de Moustier. Comte Albert de Mun. Muzet.

Oriol. Cuneo d'Ornano. Ouvré.

Pain. Papelier. Pascal (Gard). Louis Passy. Paulmier. Comte du Périer de Larsan (Gironde). Perreau. Piou. Plichon. Raymond Poincaré. Comte de Pomereu. Armand Porteu. Poullan. Comte Pozzo di Borgo. Prache. Pradet-Balade. Prax-Paris. Prud'homme-Havette.

Quesnel. Quilbeuf.

Raiberti. De Ramel. Rauline. Baron Amédée Reille. Baron Xavier Reille. Renault-Morlière. Ribot. Amiral Rieunier. Rispal. Robert Surcouf. Jules Roche (Ardèche). Rogez. Duc de Rohan. Rose. Rouland (Seine-Inférieure). Roy de Loulay.

Charles Saint. De Saint-Martin. Comte de Saint-Quentin. De Salignac-Fénelon. Savary de Beauregard. Sibille. Marquis de Solages. Suchetet.

Tailliandier. Ternaux-Compans. Thierry. Thierry-Delanoue. Trannoy.

Vallée. Vidal de Saint-Urbain. Armand Viellard. Vigouroux. Villiers.

Conrad de Witt.

Se sont abstenus :

MM. Argeliès. Georges Berry. Cauvin. Coache. Paul Deschanel (président de la Chambre). Devins. Edouard Drumont. Dubuisson. Fernand Brun. Ferrette. Charles Ferry. Théophile Goujon (Gironde). Hémon (Finistère). Holtz. Laville. Georges Levet. Paulin Méry. Peschaud. Pierre Richard. Riou. Rubillard. Sicard. Stanislas Ferrand. Léon Vacher (Corrèze).

M. Firmin Faure, frappé d'exclusion temporaire, n'a pas voté.

Absents par congé :

MM. Borie. Antide Boyer. Brunet. Clémentel. Cornudet (Creuse). Couyba. Jacques Drake. Forni. François. Gauthier (de Clagny). Gervais (Seine). Humbert. Jonnart. Lebret. Arthur Leroy (Côte d'Or). De Mahy. Muteau. Emile Néron-Bancel. Puech. Riotteau. Albin Rozet. Eugène Schneider. Turigny.

Le *Temps* analysait ainsi le scrutin le lendemain du vote :

La majorité comprend les socialistes, les radicaux et 75 républicains non radicaux. Nous y relevons 2 socialistes-nationalistes et 5 radicaux-nationalistes :

La minorité comprend 95 républicains progressistes, 3 radicaux, plus la totalité de la droite, des ralliés et des nationalistes.

En dehors du président qui ne prend jamais part au scrutin, 23 membres se sont abstenus, dont 8 nationalistes ou antisémites, 6 radicaux et 9 républicains non radicaux.

AU SÉNAT

Mis en discussion le 21 juin, à l'ouverture de la séance, l'article 14 fut adopté à la fin de la séance tenue le 22 au matin, après rejet d'amendements présentés par MM. Rambaud, de Blois et Ollivier. Toute la journée du 21, où il y eut séance le matin et séance l'après-midi, fut consacrée à une sorte de discussion générale de l'article, M. le comte de Blois parlant contre, M. Combes, président de la commission, pour, M. de Lamarzelle contre, M. Leygues, ministre de l'instruction publique, pour, M. de Marcère contre et enfin M. Delpech pour.

L'amendement de M. Rambaud, qui tendait à remplacer l'article 14 par la disposition suivante : « L'organisation du contrôle de l'Etat sur l'enseignement libre au moyen de l'inspection et des sanctions qu'elle comporte sera l'objet d'une loi spéciale », défendu par M. Rambaud, combattu par le ministre de l'instruction publique, fut repoussé par 105 voix contre 107.

M. de Blois proposait de supprimer, dans le premier paragraphe de l'article 14, les mots : « ni à donner l'enseignement » ; après une réponse de M. Combes à M. de Blois, 177 voix le repoussent contre 63.

L'amendement de M. Ollivier, qui tend à une atténuation des pénalités encourues par les contrevenants à l'article 14, est repoussé par 174 voix contre 56.

Après un dernier discours de M. de Montfort contre, l'article 14 est adopté par 179 voix contre 93.

Ont voté pour :

MM. Abeille (Valentin). Alasseur. Allemand (César) (Basses-Alpes). Aucoin. Aunay (comte d').

Bassinet. Bataille. Beaupin. Belle. Béraud. Berdoly. Bernard.

Bézine. Bidault. Bisseuil. Bizarelli. Bizot de Fonteny. Blanc (Philippe). Bonnefoy-Sibour. Bontemps. Borriglione. Bouffier. Bouilliez (Achille). Bourgeat. Briens. Bruel. Brugnot. Buvignier.

Caduc. Calvet. Camparan. Cassou. Cazot (Jules). Chantagrel. Chantemille. Chaumié. Chovet. Clamageran. Collinot. Combes. Cordelet. Costes. Couteaux. Crozet-Fourneyron. Cuvinot.

Danelle-Bernardin. Darbot. Deandreis. Delcros. Dellestable. Delpech. Demôle. Denoix. Depreux. Deschanel. Desmons. Destieux-Junca. Develle (Edmond). Diancourt. Drouhet (Théodore). Dubois (Emile). Dubost (Antonin). Dufoussat. Dupuy (Jean). Durand-Savoyat (Emile). Dusolier (Alcide). Duval (César).

Fabre (Joseph). Fagot. Fayard. Folliet. Forest (Charles). Forichon. Fougeirol. Francoz. Frézoul. Fruchier.

Galtier. Garran de Balzan. Gauthier (Aude). Giguet. Gillot. Girard (Alfred). Girard (Théodore). Girault. Giresse. Godin (Jules). Goujon. Goutant. Gravin. Grévy (général). Guérin (Henri). Guillemaut. Guyot.

Hugot (Côte-d'Or). Huguet.

Jouffault (Camille). Jouffray.

Knight.

Labiche (Emile). Labrousse. Lacombe. Latappy. Laterrade. Lecomte (Maxime). Lefèvre (Alexandre). Leporché. Leroux (Aimé). Leroy. Leydet (Victor). Lordereau. Lourties.

Macherez. Magnien. Magnin. Malézieux. Martin (Félix). Méric. Millaud (Edouard). Milliès-Lacroix. Mir (Eugène). Monestier. Monier. Monis (Ernest).

Nioche.

Obissier Saint-Martin. Ournac.

Parisot (Louis). Paul Gérente. Pauliac. Pauliat. Paul Strauss. Peaudecerf. Pédebidou. Perréal. Perrier (Antoine). Petitjean. Peytral. Piettre. Piot. Pochon. Poirrier (Seine). Pozzi. Pradal. Prilleux.

Ratier (Antony). Raynal. Renard. Reymond. Ringot. Rolland. Roussel (Théophile). Rouvier (Paul).

Saint-Germain. Saint-Prix. Saint-Romme. Sal (Léonce de). Savary. Sigailas.

Tassin. Thézard (Léopold). Thorel. Thuillier. Trarieux. Trystram.

Vagnat. Vallé. Velten. Viger. Vilar (Edouard). Villard. Vinet. Viseur. Vuillod.

Waldeck-Rousseau.

Ont voté contre :

MM. Audiffret-Pasquier (duc d').

Baduel. Bérenger. Bérenger (général). Bernot. Billot (général). Blois (comte de). Bodinier. Bonnefille. Boularan. Bourganel.

Cabart-Danneville. Carné (marquis de). Casabianca (de). Charles Dupuy. Charmes (Francis). Chauveau (Franck). Courcel (baron de). Cuverville (amiral de).

Demarçay (baron). Denis (Gustave). Denormandie. Duboys-Fresney. Duchesne-Fournet.

Farinole. Fleury (Paul). Forgemol de Bostquénard. Fortier. Froment.

Gailly. Géry-Legrand. Gotteron. Gouin. Goulaine (comte de). Gourju. Grimaud Grivart.

Halgan. Haugoumar des Portes.

Japy (général).

Labbé (Léon). Labiche (Jules). La Jaille (amiral de). Lamarzelle (de). Laporte-Bisquit. Lavertujon (Henri). Le Cour Grandmaison (Henri). Legludic. Legrand. Le Provost de Launay. Le Roux (Paul). Luro.

Maillard. Maillé (comte de). Marcère (de). Maret. Martell (Edouard). Mercier (général). Merlet. Mézières. Milliard. Monsservin. Montfort (vicomte de). Meroux.

Ollivier (Auguste). Outhenin-Chalandre. Ouvrier.

Parissot (Albert). Pichon. Pontbriand (du Breil, comte de). Ponthier de Chamaillard. Poriquet. Prevet.

Rambaud (Alfred). Rambourgt. Raquet. Renaudat. Repiquet. Riou (Charles).

Saint-Germain (général de). Saisy (Hervé de). Sébline Teisserenc de Bort. Tellier. Thomas. Tillaye. Turgis Vissaguet.

Wallon.

N'ont pas pris part au vote :

MM. Barbey. Barrière. Béjarry (de). Berthelot. Boulanger (Ernest).

Claeys. Constans. Cornil.

Delobeau.

Expert-Bezançon.

Fallières.

Gauthier (Haute-Saône). Gavot (Emile). Gervais. Gomot. Guérin (Ernest).

Haulon. Hébrard (Jacques).

Lelièvre.

Mazeau.

Ponlevoy (Frogier de).

Silhol.

Absents par congé :

MM. Astor. Basire. Boissel. Cicéron. Freycinet (de). Garreau. Laurens. Marquis. Roger. Saillard. Treille (Alcide). Waddington (Richard).

Trois dispositions additionnelles furent discutées dans la séance de l'après-midi du 22. La première, de M. de Goulaine, ne rendait exécutoire le jugement de condamnation qu'après l'année scolaire terminée. Repoussée par 184 voix contre 53. La seconde, de M. Riou, mettait exclusivement à la charge de l'Etat toutes les dépenses, de quelque nature qu'elles fussent, qu'entraînerait l'application de la loi, notamment celles relatives à la création d'écoles ou de classes nouvelles et à l'augmentation du personnel existant. Repoussée par 200 voix contre 30. La troisième, de M. Monsservin, créait une exception en faveur des congrégations de femmes consacrées à l'enseignement et qui ont tenu des écoles sous la direction de l'État : elles auraient pu continuer d'enseigner, jusqu'à ce que ce droit leur ait été enlevé pour infractions aux lois et règlements par décret rendu en conseil des ministres. Repoussée à mains levées.

TABLE DES MATIÈRES

PARIS. — IMPRIMERIE ALCIDE PICARD ET KAAN

192, RUE DE TOLBIAC. — 51902. G. C.

9 782016 198858